从二级棋士到一级棋士

# 谢军国际象棋教程

谢军 著

U0121127

人民邮电出版社

北　京

## 图书在版编目（CIP）数据

谢军国际象棋教程. 从二级棋士到一级棋士 / 谢军
著. -- 北京 : 人民邮电出版社, 2023.11
ISBN 978-7-115-62533-5

Ⅰ. ①谢… Ⅱ. ①谢… Ⅲ. ①国际象棋－教材 Ⅳ.
①G891.1

中国国家版本馆CIP数据核字(2023)第161248号

## 免责声明

## 内 容 提 要

国际象棋是世界上最流行的智力运动项目之一，融汇了人类历史的文明精华，是行之有效的教育工具。孩子学下国际象棋，不仅可以有效开发智力、启迪思维，还能养成胜不骄、败不馁的坚韧品格。

本书是世界国际象棋联合会副主席、中国首位"世界棋后"谢军编写的"谢军国际象棋教程"系列中的第六本，按照一级棋士的水平要求编写，细致讲解了车兵残局，连兵、叠兵、孤兵等兵形，轻子象、马的特点，以及关于如何写棋评和打造自己的开局武器库的相关知识。通过对本书的学习，读者可以系统掌握从二级棋士到一级棋士应具备的国际象棋知识与技术。

◆ 著　　　谢　军
责任编辑　裴　倩
责任印制　马振武

◆ 人民邮电出版社出版发行　　北京市丰台区成寿寺路 11 号
邮编　100164　电子邮件　315@ptpress.com.cn
网址　https://www.ptpress.com.cn
北京瑞禾彩色印刷有限公司印刷

◆ 开本：700×1000　1/16
印张：8.5　　　　　　2023 年 11 月第 1 版
字数：183 千字　　　2023 年 11 月北京第 1 次印刷

定价：49.80 元（附小册子）

读者服务热线：(010)81055296　印装质量热线：(010)81055316
反盗版热线：(010)81055315
广告经营许可证：京东市监广登字 20170147 号

# 前 言

　　从二级棋士到一级棋士，看上去只是向上迈进一步，然而这一步在棋士晋升过程中却具有相当高的含金量。在这个阶段，棋手必须通过参加比赛取得优异成绩才能实现晋级。比赛过程中，棋手需要在棋局中与对手斗智斗勇，把握转瞬即逝的战斗机会，这对棋手来说是一个全方位的考验。出色的战术应用能力、子力调动能力、排兵布阵能力，以及对棋局基础理论的掌握，这些都是一级棋士所应达到的水平，而系统的知识学习则是实现这一水平的保障。

　　本书的习题部分结合学习内容进行了统一安排，分别包括两步杀练习（计时）、战术组合练习（计时）、棋评练习（计时），以及不限定步数的进攻计算力练习（计时）这几个部分。在习题部分，和棋习题具有较大挑战性。和棋的表现形式不止一种，而且在平时的训练和以往的习题练习中出现的频率较低。因此，棋手需要在答题时具备更好的耐心和更为精确的计算能力。所有练习部分均设定了时间要求，这些要求仅作为参考，具体习题的训练安排需要根据个人的实际情况进行调整。

　　随着棋手棋艺水平和训练学习内容难度的提高，可能会出现某些板块的内容棋手掌握得比较好，而另一部分内容的正确率不高或者答题时间过长等情况。这时，棋手需要在教练的指导下加强练习，并结合实际需求进行同类型的习题调整和补充。

　　本书的战术练习部分不再根据战术特点进行分类，因为棋手如果采用惯性思维方法寻找解题的特点，可能很难找到启发思路的线索。对局评注部分选取了古典风格棋手的对局，这些棋局具有较为鲜明的攻杀风格，对局过程中会出现某方出现严重判断失误的情况。这部分练习的目的在于培养棋手善于发现和捕捉棋局过程中的错误走法和行动计划的能力，从而培养棋手良好的棋感。习题强调完成时间和正确率，棋评部分要求记录关键步骤和真实想法，以便在后期复习时真实反映棋手在这个阶段的学习训练情况，及时进行完善和补充。棋评部分提供了示范案例，棋手在撰写自战棋评时可以根据自己的喜好将棋局重要环节进行记录。

# 目 录

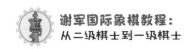

## 学习目标

1 了解车兵残局的重要性
2 学会快速判断车兵残局的基本知识和技巧

知识讲解

在所有残局当中，车兵残局的发生概率最高，情况最为复杂，也最考验棋手的基本功。在残局阶段，子力数量大为减少，线路通畅，几乎到处都是开放线路，到底应该把车走到哪些位置才称得上是积极有效的呢？车王如何形成高效的战斗协同能力呢？如何支持兵的挺进呢？为了回答这些问题，棋手首先需要对车兵残局建立正确的理解，其次要熟练地掌握相关的基础技巧，最后要善于根据局势需求进行正确的操作执行。

### ♛ 要点1：车的位置

车兵残局中，除兵的数量、兵挺进的速度和位置这些直接决定小兵升变的因素之外，车的位置、王的位置、轮到哪一方走棋也都是决定棋局发展的关键因素。

图1的局面中，白方取得了多兵以及车与王的良好配合等优势，可谓是占尽了上风。不过，在白方实现胜利的征程中，黑方依旧具备很强的防守能力。

例如，现在假如白方一心想着把黑方的王驱赶到离白兵更远的线路上，采取

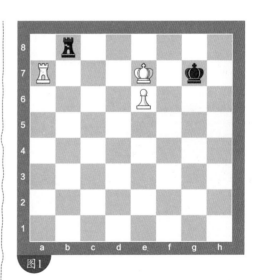

图1

1.车a1（图2）的走法，那么不仅使白方接下来2.车g1+的目标难以实现，还会让黑方抓住战机谋求和棋。

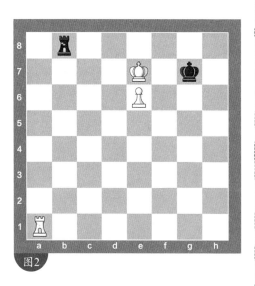
图2

黑方采取1...车b7+ 2.王d8 车b8+ 3.王c7（图3）。

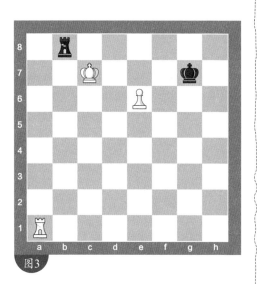
图3

黑方的车受到攻击，黑车必须找到积极主动的位置，争取阻止白兵升变。

### 3...车b2!（图4）

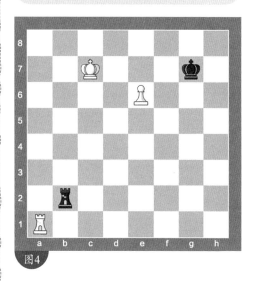
图4

黑方把车走到远离白王攻击的位置，接下来准备走 4...王f8或4...王f6，让王参与到防守白兵前进的行动中。

### 4.车f1

白方用车隔断f线，拦住黑王贴近白兵的路线。

### 4...车a2!（图5）

黑车抢占到理想位置。

### 5.e7 车a7+ 6.王d8 车a8+

黑方的车保持对白王将军的威胁，白兵升变目标无法实现。

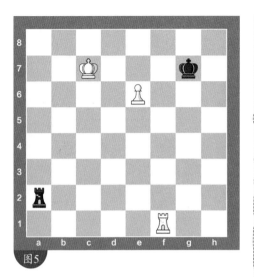

图5

有效支持小兵挺进。

如果黑方走1...车b1,白方则应以2.车a8（图7）。

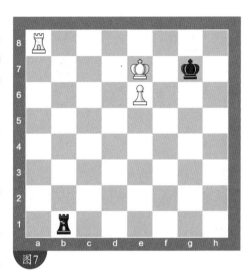

图7

以后只需把白王走到第8横线上调整位置,黑方就难以实现将军威胁;

黑方1...王g8 2.王f6 车f8+ 3.车f7（图8）的变化,也将带来白胜的局面。

在图1的局面当中,白方要想办法让黑方先走。例如黑方走1...车c8,白方就可以2.车a1（图6）。

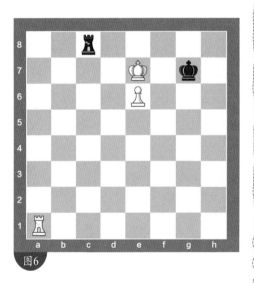

图6

白方准备把车走到g1,与图2对比,最大的区别是这时如果黑方走2...车c7+,白方可应以3.王d8,白王在紧邻e兵的d线上直接获得先手攻击黑车的机会,可以

图8

图8当中，黑方最大的问题是车的位置太消极，无法灵活投入到战斗当中。

因此，当图1局面中轮到白方走棋时，白方需要考虑的就是转换行棋权，想办法让黑方走棋。

## 1.王d6+ 王f6 2.王d7！王g7

黑方难以找到更为理想的下法，在2...车b1 3.e7的变化中，白兵的前进无法被阻挡；在2...王g6 3.车a1变化中，黑方的王难以顺利回防。

## 3.王e7

棋局形势回到图1的局面，轮到黑方走棋。

## 3...王g6 4.车a1!（图9）

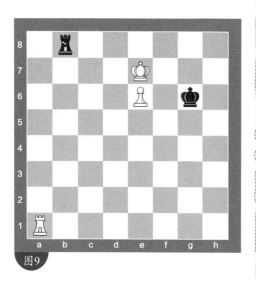

图9

白方把车走到可以攻击到黑王的位置。

## 4...车b7+ 5.王d8 车b8+

如果黑方采取5...王f6的下法，白方将通过6.e7! 车b8+ (6...车×e7 7.车f1+) 7.王c7 车e8 8.王d6! 车b8 9.车f1+ 王g7 10.王c7 车a8 11.车a1!的方法取胜。

## 6.王c7 车b2 7.车e1!（图10）

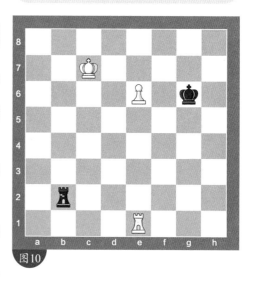

图10

与图4的局面相比，最大的区别是黑方王的位置。如果黑方的王在g7，此时黑方就可以走7...王f8成功回防。而黑王在g6时便做不到这一点，这便意味着白兵的前进不可阻挡。

7...车c2+ 8.王d7 车d2+
9.王e8 车a2 10.e7

白方取得胜势。

子力位置的细微差异，在车兵残局中可能成为决定棋局结果的重要因素。

## 要点2：王的位置

车兵残局中要时刻注意控制对方王的活动路线，限制王的战斗力。

图11中轮到白方走棋，看似理所当然的1.f7 车×f7 2.王×f7 王c4走法只会带来和棋。白方此时首要的任务是限制黑方的王参与支持a兵挺进的战斗。

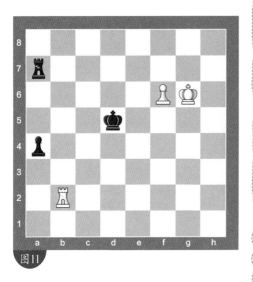

图11

### 1.车c2!（图12）

黑方的王被隔离在c线之外，这样就不能快速参加支持a兵挺进的战斗。

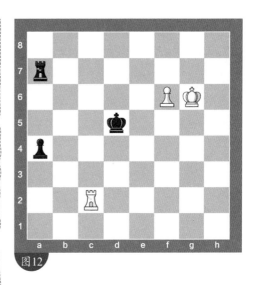

图12

### 1...王e6

在1...王d4 2.f7 车×f7 3.王×f7 王d3 4.车a2的变化中，白方活捉黑方a兵，夺得胜利。

### 2.车c3!!（图13）

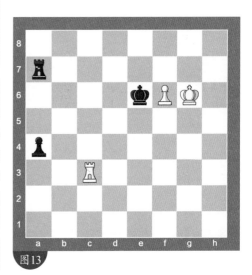

图13

白方等待的目的是让黑方的兵走到白车的攻击范围当中。白方如果采取2.f7的下法，黑方将会通过2...车×f7 3.车e3+王d5 4.王×f7 王c4的走法，成功令黑王参与支持a兵行进的战斗。

**2...a3**

在2...车b7 3.车c6+ 王e5 4.车a6 车b4 5.f7 车f4 6.车×a4的变化中，白方获得胜势。

**3.f7车×f7 4.车e3+王d5 5.王×f7（图14）**

黑方的a兵正受到白车的直接攻击，黑王来不及参加战斗。

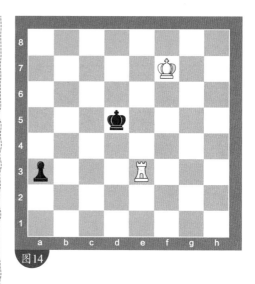

图14

**5...a2 6.车a3**

白车活捉黑兵，白方胜利在望。

# 课后作业

1 复习本课知识内容，增强对车兵残局的重要性的认识和理解。

2 学习2~3个车兵残局经典案例，说说自己的体会。

3 按照训练计划完成本书的习题。

 冠军课堂

历史上有很多精彩棋局验证了这样一种说法：如果你的优势不足以赢下棋局，那么就将棋局转入车兵残局；如果你在劣势中想挽救一盘棋，那么就将棋局转入车兵残局；如果你在均势局面下希望增加胜利的概率，那么就将棋局转入车兵残局……车兵残局是考验棋手知识和能力的重要环节。车是重子，因此车兵残局既有子力高效行动的特点，也具有残局的位置变化细腻和涉及相应技巧的定式知识的特点。对于车兵残局，我们需要边学习边实践，才能获得更好的知识学习体验。

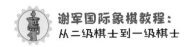

## 学习目标

1 了解车兵残局中搭桥技术的特点和技巧
2 加强对兵、王位置的理解

### 知识讲解

　　搭桥技术的重点在于掌握王和车的配合，也就是搭桥的时机和位置必须准确。搭桥技术借助子力调动，对兵的挺进、王与车相隔线路的数量等重要因素进行了明确规定，在执行的时候优势方要特别关注对方王所在位置，确保搭桥之后对方的王不能有效参与防守。

### ♟ 要点1：搭桥技术应用特点

　　搭桥是车兵残局中一个典型的技术手段。搭桥情况发生时，多兵一方的兵已经到达第7横线，王在兵的前方升变的格子当中。此时，防守方的车正在发挥限制多兵方的王离开兵前方格子的作用。多兵方必须依靠己方车的加入，在攻防线路当中搭建一个王的庇护所，为支持兵的前行争取时间。

　　图1中轮到白方走棋，此时白兵已经到达第7横线，白王处于白兵升变的e8。黑王被车阻截，距离e兵两条线。白方需要用自己的车在白王和黑车之间搭建一个安全空间。

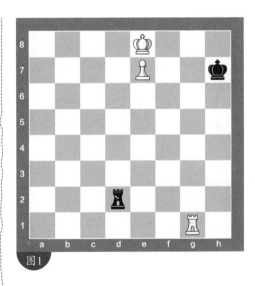

图1

　　此时，如果白方仅仅直接把王走出来不能收获理想局面：1.王f7 车f2+ 2.王e6 车e2+ 3.王d7 车d2+ 4.王e8，白王乖乖回到原来的位置。

## 1.车g4!（图2）

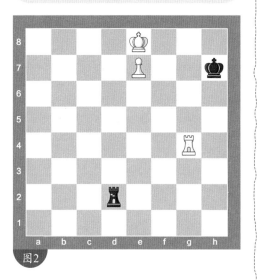

图2

白车走到4线，在"半空"搭建王的防护所。注意，在5线搭建防护所的做法不能奏效，因为1.车g5 王h6，白车直接受到进攻。

## 1...车d1 2.王f7（图3）

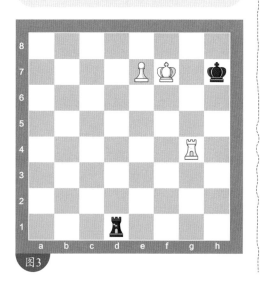

图3

白王开始离开底线，把升变的格子让出来。

## 2...车f1+ 3.王e6 车e1+ 4.王f6 车f1+

如果黑方采取4...车e2等待的下法，白方则应以5.车g5（图4）。

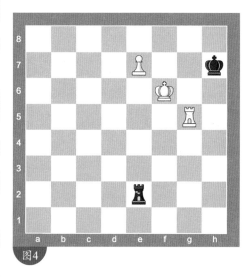

图4

现在，白方可以把防护所的位置搭建得更高一些。接下来白方的走法是6.车e5，阻止黑车在e线上对白兵升变的威胁。

## 5.王e5 车e1+ 6.车e4（图5）

白车成功走到可以阻挡黑车威胁e兵升变以及将军白王的位置上，搭桥成功！白方成功用自己的车在白王和黑车之间搭建了一个安全的防护墙。

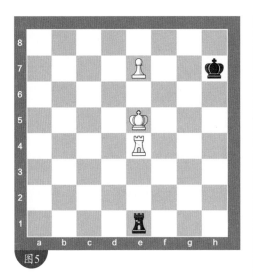

图5

## ♛ 要点2：王车配合隔断效果

图6中轮到白方走棋。现在黑王距离白兵的距离是一条直线，黑方求和的概率是否就增加了呢？通过分析我们看到，因为黑王难以快速实现靠近白兵或限制白王的目的，因此即便与图1的局面相比较，黑王的位置虽然有所改善，但是仍不能取得

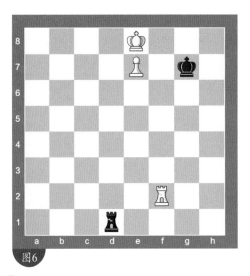

图6

实际的效果。

### 1. 车f7+（图7）

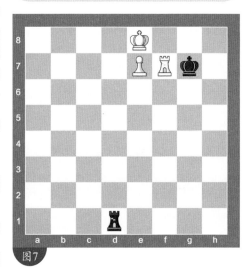

图7

白方还可以采取1.车g2+的下法，将棋局形势转入图1的局面。如果黑方走1...王h6，那么接下来的变化是2.车g4 王h5 3.车e4（图8）。

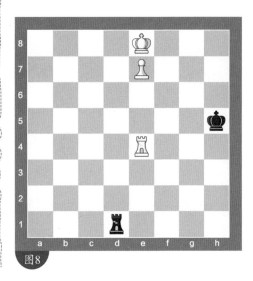

图8

白车从兵的背后发挥作用，下一步棋将把王从f线活动出来。

图7的局面中白方选择从第7横线将军的下法，目的在于让黑王离开g7，为白王接下来的活动留出空间。

### 1... 王 g8

黑方1...王g6的走法，只会带来白方2.王f8的下法，白王直接得以解放。

### 2. 车 f4！（图9）

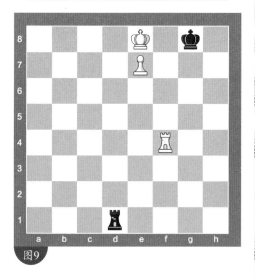

图9

白车走到可以发挥搭桥作用的第4横线，提前做好准备。通过将军的过门走法，白方及时调整了车的位置。类似的将军走法在残局当中较为常见，一方先实施看似作用不大的将军或捉吃威胁，然后在后续子力撤退的过程中调整棋子位置，走到预期威力更大的格子当中。

### 2... 王 g7

黑方尽可能把王走到积极的位置当中。2...车e1的走法将遭遇白方3.车g4+（图10）。

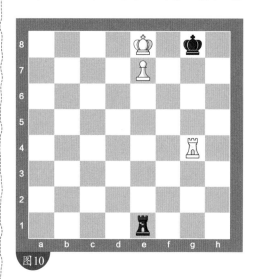

图10

白车将军黑王，将黑方的王驱逐到离兵更远的位置当中。接下来3...王h7 4.王f7之后，白兵升变难以阻挡。

除了针对黑王的行动，白方还可以采取3.车d4（图11）的下法，用车占领白王在d线的活动通道。

用车将王的活动通路进行及时占领，是车兵残局中常用的手段。

### 3. 车 g4+（图12）

白车迫使黑王远离白兵，同时令白王找到活动空间。

记住，如果将军能够让对方的王远离兵，那么这样的将军就是有价值的行动。

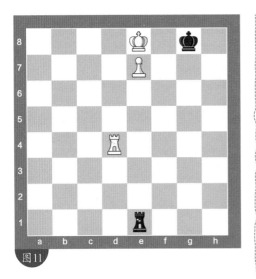

图11

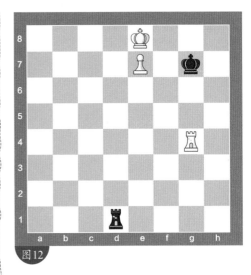

图12

### 3... 王f6

黑方如果走3... 王h6，将遭遇白方4. 王f7。

### 4. 王f8

白方的王顺利走出e8，接下来小兵升变势不可挡。

图13的局面中轮到白方走棋，现在白方应该采取什么样的行动计划，可以确保王从d8走出来，并使兵完成升变？

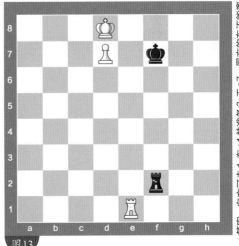

图13

答案：白方可走1.车c1并准备2.王c7。黑方的车不能离开f线，否则白方将通过车f1+进攻黑王。

## 课后作业

1. 复习本课知识内容，通过练习熟练掌握搭桥技术的特点。

2. 用自己的话说一说，实施搭桥技术需要满足哪些条件。

3. 按照训练计划完成本书的习题。

冠军课堂

搭桥技术是车兵残局中的一个基础知识，是优势方为应对防守方的车限制己方王的活动空间而进行的重要防守手段。搭桥技术应用时，最关键的是要调整好优势方车所在线路以及把防守方的王驱逐到消极位置，当这两个因素满足要求的时候，搭桥技术可以有效阻隔防守方车的管控，支持小兵顺利升变。

第3课

残局（三）
车兵残局的长距离技术

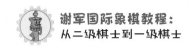

## 学习目标

1 掌握车兵残局长距离技术的知识

2 熟练掌握车兵残局长距离技术的应用技巧

## 知识讲解

车兵残局中的长距离与短距离只相差一个格子，但在实际作用上却有天壤之别。长距离特指防守方的车与优势方的兵在直线或横线间隔3个格或3个格以上的距离，3个格以下称为短距离。防守方的车在长距离位置通过将军来组织行动，能够确保阻止优势方的兵在王的支持下前进。长距离防守技术是车兵残局中一条最基础的知识要点，看似简单却容易出错。记住，车处于短距离位置时不能有效阻止优势方的兵在王的支持下前进！实战过程中，棋手经常会在不经意间忽略了长距离防守与短距离防守的差别。

## ♛ 要点1：长距离将军

长距离技术的厉害之处在于防守方可以有效实施将军，令优势方的王难以在支持兵的积极位置驻扎下来，以致优势方的王难以同时兼顾攻击车和支持兵两个任务。

长距离，特指优势方的兵与防守方的车在直线或横线间隔3个格或以上，这种距离可以完美发挥车的防守作用。

图1的局面中轮到黑方走棋。现在黑车与白兵之间隔着b、c、d三条直线的距离，正好符合长距离的标准。同时，黑王

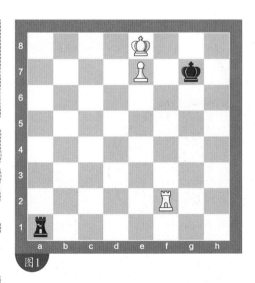

图1

有阻止白王从f线走出来的可能。在这种情况下，黑车将军白王的防守效果最佳，能够实现成功阻止白方e7兵升变的目的。

> **1...车a8+ 2.王d7 车a7+ 3.王d6**
> **车a6+ 4.王c7**

在4.王c5 车e6的变化中，黑方活捉白兵。

> **4...车a7+（图2）**

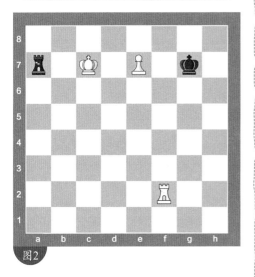

图2

黑方的车与白方的兵之间有3格距离，这造成白王难以兼顾摆脱黑车的将军和守护e7兵。因为，如果白王忙于防护e7兵，黑车便采取长将的策略；如果白王试图走到b线攻击黑车，黑车便采取迂回包抄的方式攻击e7兵。

图2的局面中，白方难以推进兵的升变，黑方防守成功。

需要特别提醒的是，车兵残局中进攻和防守的机会转瞬即逝。例如图1的局面中，假如黑方随手走了一步棋，那么白方就可以通过车到g2将军的走法成功驱逐黑王，然后车到g4，有机会采取上节课讲授的搭桥技巧实现兵的升变。

无论是优势求胜一方还是劣势守和一方，都要善于把握机会，走出精准的应对着法。

与图1相比，图3中黑车的位置在b1，这时黑车与白兵之间相隔了c、d两条直线，也就是说之间的距离是2格，少于长距离3格的要求。在这样的局面下，黑方再采取用车将军的方式，便不能起到阻止白兵和王协同作战的效果。

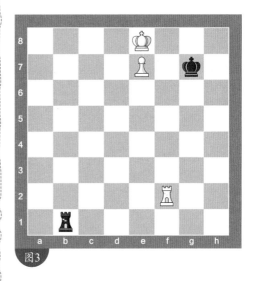

图3

1... 车 b8+ 2. 王 d7 车 b7+ 3. 王 d8
车 b8+ 4. 王 c7（图 4）

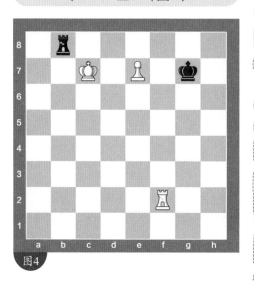

图 4

白王已经攻击到了黑车，黑车不能离
开底线，只能走到 a8。

4... 车 a8（图 5）

图 5

图 5 的局面中黑方多么希望轮到自己

走棋，那样的话棋局形势完全符合长距离
技术应用的条件，黑方便可以将军白王，
达到自己的目的。但是，图 5 的局面中轮
到白方走棋，白方有一步非常精彩的战术
弃子走法。

5. 车 a2!!（图 6）

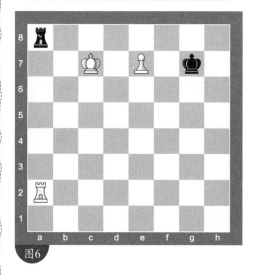

图 6

白方非常强硬地争夺 a 线，剥夺了黑
车在长距离位置攻击白王的机会。由于白
兵即将升变，因此黑车只能坚守底线，不
能接受白方的 a2 车。

5... 车 h8 6. 王 d7

小兵升变无法阻挡，白胜。

🏆 要点 2：残局知识综合应用

对于那些具有定式概念的残局知识，
棋手在学习和掌握的过程当中要善于灵活

应用，例如根据棋局发展需要在车兵残局中兑换掉双方的车转入王兵残局。什么时候应该兑换子力转换到其他类型残局？什么时候不能进行子力兑换？这些都考验棋手对残局知识的综合应用能力。

图 7 中轮到黑方走棋。现在黑方的车处于长距离位置，但是黑王位于底线，白车到 g8 将军的威胁给白方带来先手调整车的位置的机会，为白兵升变增添有利条件。

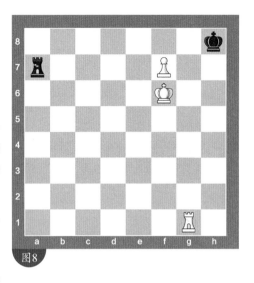

图8

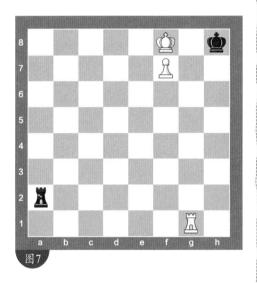

图7

**1...车a8+ 2.王e7 车a7+ 3.王f6（图8）**

显然，白方的王只能谋求在王翼的调动过程中寻求机会。在 3.王e6 车a6+ 4.王d5 车a5+（黑方不能走4...车f6，因为白方有 5.车g8+ 然后挺兵升变的走法）5.王c6 车a8 变化中，白方的王难以支持兵的挺进。

**3...车a6+ 4.王f5 车a5+ 5.王g6 车a6+ 6.王h5 车a5+!**

防守方必须精确走棋，不能出现漏算。注意，看似厉害的6...车h6+并不奏效，白方可应以7.王g5!（图9）（白方当然不会走7.王×h6形成逼和）。

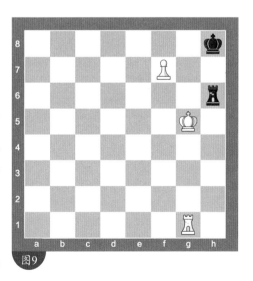

图9

黑车已经回不到底线了，在7...车g6+之后，白方再次对送上来的车视而不见，应以8.王f5！（图10）。

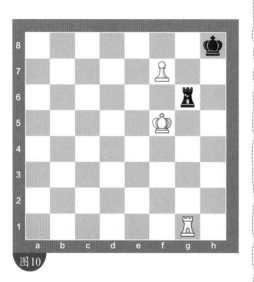

图10

黑方已无法阻止白兵升变。

### 7.王h6 车a6+（图11）

白方的王已经难逃黑车的连续将军了。接下来如果白方采取8.车g6 车×g6+9.

王×g6的下法，棋局将形成逼和。

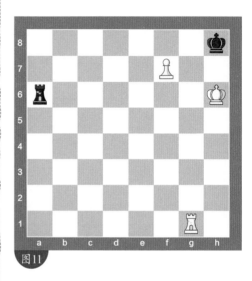

图11

当弱方的王被阻截时，最好的防守办法是保持长距离并用车在侧翼将军。长距离将军需要防守方的车与兵在直线或横线间隔3格及以上才能奏效。防守时弱方棋子正确的摆放位置是将王走到短距离的一翼，车走到与兵相隔长距离的一翼。

## 课后作业

1 复习本课知识内容，增强对长距离技术的认识和理解。

2 通过练习，进一步强化对长距离防守技术的掌握，思考己方的王处于长距离线路位置时应如何处理。

3 按照训练计划完成本书的习题。

　　长距离与短距离貌似只有一个格子的差异，但是在防守效果上却截然不同。防守方的车要尽可能保持自己处于长距离的位置，无论从侧翼横线防守还是从背后直线上进行监控，都要注意控制好自己的车与对方的兵和王之间的距离，能够自如行动并且不会轻易受到对方王攻击的位置为最佳防守位置。在长距离知识的实战应用当中还会出现一些需要临场处理的情况，例如优势方的车占据了长距离位置怎么办、己方的王处在长距离位置上怎么办等，这些都需要根据具体的局面进行具体的分析。

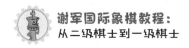

## 学习目标

1 了解连兵的兵形特点

2 掌握连兵控制、突击和推进的相关技巧

### 知识讲解

　　连兵特指两个在相邻线路上的兵，这样的兵可以相互防护，不容易受到对方的攻击。连兵具有很强的自我保护能力，在行动过程中能够形成合力推进的势头，无论在抢占（或控制）空间还是在突击和推进前行方面，都能制造极具威胁的攻击效果。通常，连兵被认为是一种理想的兵形，位置积极主动的连兵能够给对方阵营制造压力。

### 👑 要点1：连兵的联动作用

　　连兵，贵在兵之间能够相互呼应，在行动过程起到联动作用，从而建立强大的共同战线。连兵的联动作用一旦得以体现，通常能够起到限制对方阵地，攻击对方阵地上弱点的功效。

　　图1中轮到白方走棋。通过对棋局形势的分析，我们可以看到双方在王翼上的兵形都非常完整，后翼上白方的a、b两个兵可以形成联动关系，而黑方的a6兵则显得孤零零的。并且，黑白双方拥有的都是白格象，黑方的a6兵也处在白格，a6

兵可能成为白方的进攻目标和黑方行动的累赘。

图1

## 1.b4!（图2）

图2

好棋！随着白方b兵的挺进，黑方的a6兵便成为白方进攻的一个靶子。黑方难以攻击白方的b兵，因为白方后翼的a、b两个兵是连兵，可以相互照应。

## 1...象b7

在1...a5 2.b5的变化中，白方的b兵显得更厉害了。

## 2.f4

白方不着急行动，在2.车c7 车c8的变化中，白方不能阻止黑方兑子的计划。

## 2...车c8 3.车×c8 象×c8 4.车c1 王d8 5.王f2（图3）

残局当中有一条原则，那就是尽可能

将王走向中心，方便以后参与战斗。

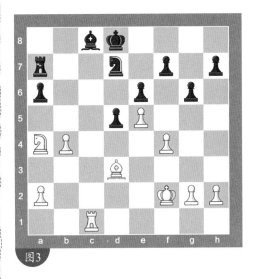

图3

## 5...马b8

黑方兑子并不能完全缓和被动的局势，例如在5...车c7 6.车×c7 王×c7 7.王e3之后，白方的王有着清晰的路径可以实施入侵计划。

## 6.马c5

白方也可以考虑6.王e3，继续把王走向中心。

## 6...车c7 7.车c2 马d7 8.马b3 车×c2+ 9.象×c2（图4）

车的存在影响了白王的安全入侵，因此白方主动把车进行兑换。看上去棋盘上双方的子力数量减少了，但是白方的攻击能量并未削弱。并且，由于黑方的兵都在白格当中，对黑象发挥作用产生负面影响。并且，黑方a6兵的问题还是存在，白方后翼连兵的推动力量依旧强大。

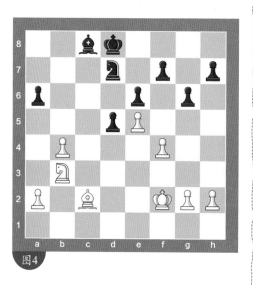

图4

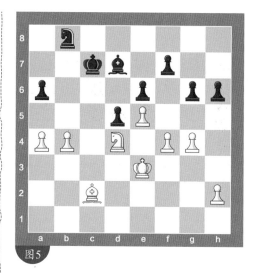

图5

**9...马b8 10.马d4 象d7 11.g4 h6**

在11...马c6 12.马×c6+ 象×c6 13.g5 d4（在13...象b5 14.王e3的变化中，黑方难以阻止白王的入侵，白方获得胜势）14.王e2的变化中，白方将会对黑方阵地上的弱点展开攻击行动。

**12.王e3 王c7 13.a4（图5）**

时机逐步成熟，白方后翼的连兵开始推动前行。

**13...王b6 14.a5+ 王b7 15.象d3 象a4 16.象e2 马d7 17.h4 马b8 18.f5 g×f5**

在18...马c6 19.f×g6 f×g6 20.马×e6的变化中，白方获得胜势。

**19.g×f5 象d7 20.象h5（图6）**

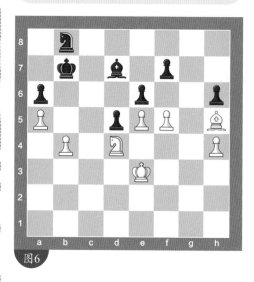

图6

白方的入侵无法被阻挡，黑方阵地上

的弱点将被攻击。

## 要点2：连兵的防线作用

连兵可以构建强大的兵链，这个兵链像一个安全屏风，可以有效地防护己方的王，同时还可以起到限制对方棋子行动的效果。

图7中轮到黑方走棋。从棋子数量上看，局面相当于白方单车对黑方象兵的组合，白方看起来不仅丝毫不处于下风，可能还略占优势。目前中心的d线开放，但白车在d线上找不到攻击目标及入侵阵地，因此白方的d2车在开放线上难以发挥威力。从兵形上来看，白方a、c兵之间缺少相互照应，这两个兵一旦受到攻击，势必需要白方其他棋子进行保护。综合以上因素，可以得出图7的局面中黑方占据主动的结论，白方的首要工作是进行积极有效的防守。

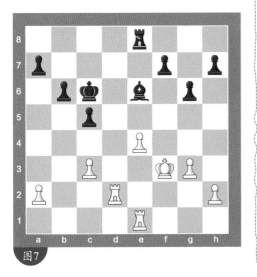

图7

### 1...王b5

把王走到主动的位置。

### 2.王f4 王c4（图8）

图8

先把王走到一个安全的、能够攻击到对方阵营弱点的位置上，令对方的子力忙于防守。

### 3.车e3 a5

黑方也可以通过3...b5 4.车d6 a5 5.车a6 a4的下法压住后翼，谋划将来在后翼上形成兵的突破。

### 4.王g5

在4.a4 王b3的变化中，黑方的王进一步得到入侵机会。

4...b5 5.王h6 b4 6.c×b4 a×b4
7.王×h7 车a8 8.王g7 王b5（图9）

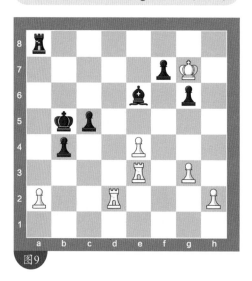

图9

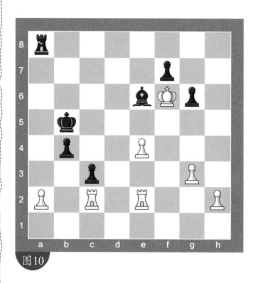

图10

黑方退王的目的是将白方a2兵的弱点进一步暴露出来。现在白方在子力数量上仍然不落下风，但是由于黑方在后翼的连兵发挥作用，黑方已经在棋局形势上大占上风。

9.h4

假如白方采取9.车ee2 c4 10.王f6 c3 11.车c2的下法（图10），黑方的后翼连兵已经具有升变的潜力，因此黑方当下需要做的就是清除兵前方的障碍，连兵携手奔向升变目标。11...车×a2!! 12.车×a2 象a2 13.车×a2 b3（图11）。

图11的局面证明了一个事实：单车无法阻止已经挺进到位的连兵（例如抵达

到3线的连兵）。

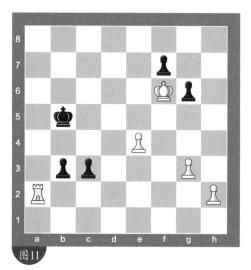

图11

9...c4 10.g4 c3 11.车c2 车×a2

白方无法阻止黑兵挺进升变。黑方胜利在望。

1 复习本课知识内容，增强对连兵兵形特点的认识。

2 用自己的话说一说，当你拥有连兵的时候应该怎样制订计划？如何对付对方的连兵？

3 按照训练计划完成本书的习题。

连兵是一种理想的兵形，特别是在占据积极主动位置时，连兵具有协同作战的推进功效。因为连兵之间可以相互照应，因此一般情况下连兵不需要己方更多的棋子力量进行防护。在发挥连兵的作用时，要尽可能向前推进占领主动位置；反之，在对付连兵的过程中，要尽量抑制连兵的挺进，避免连兵形成升变的威胁。

连兵的作用一旦发挥，就不能用兵的分值对其进行简单的衡量了。

第5课

兵形（二）
叠兵

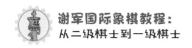

## 学习目标

1. 了解叠兵的兵形特点和作用
2. 掌握进攻叠兵的方法

### 知识讲解

　　叠兵是在子力交换过程中形成的一种兵形，特指在同一直线上形成两个或两个以上的兵。因为多个兵重叠在相同的线路上，兵的作用和价值会受到影响，因此叠兵通常被认为是一种弊大于利的兵形。不过，在中局建立防线和强化局部重点防控力量方面，叠兵的多兵聚集效应也具备一些优势，可以令阵地看起来更结实。叠兵在残局中的作用比较弱，因此如果能够有机会进行合理的交换和兵形转化，就应该抓住机会消除叠兵。

### ♛ 要点1：叠兵的特点

　　一方两个或两个以上的兵处在同一条直线上，称作叠兵。因为兵的位置都集中在相同直线上，所以通常叠兵被认为是一种不利因素，可能成为对方进攻的目标。叠兵最主要的特点是处于同一条直线上的兵不能互相保护，且不容易制造通路兵。由于多个兵处于相同线路，因此叠兵比正常的兵形前进速度慢。

　　图1中，白方在a线、f线的兵是叠兵，黑方的d线兵是叠兵。后翼上，在a、b、

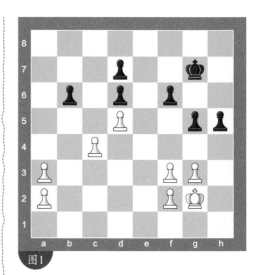

图1

c、d线路的兵力对比是白方4个兵对黑方3个兵，但是由于白方a线兵难以发挥作用，因此白方在后翼上无法制造通路兵，多兵优势难以得到充分发挥。

与图1相比较，图2将白方的d5兵换到b3，白方可以实现后翼兵挺进，在a线制造通路兵。在这样的棋局中，白方a线叠兵便可以借助旁边线路上的b兵的帮助，发挥后翼上的多兵优势。

图2

将图1与图2进行对比，不难发现如果叠兵不能实现有效的挺进，其作用无形当中会降低。有叠兵存在的王兵残局当中，不能简单根据兵的数量判定棋局形势。

### ♟ 要点2：攻击叠兵的方法

如果叠兵处于半开放线上，最好的办法是进攻它们，可以采用正面进攻的方法。

图3中轮到白方走棋，黑方c线上的叠兵正好处于白车的攻击范围中，现在白方需要做的事情就是敞开c线，让车的攻击威力直接抵达黑方的叠兵上。

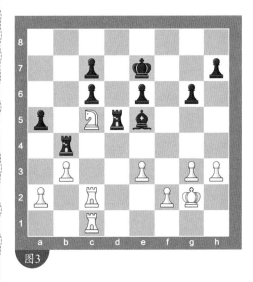

图3

#### 1.马a4!

亮出c线的车，同时顶住a4，不给黑方挺进a兵的机会。

#### 1... g5（图4）

黑方后翼上的叠兵失守，在王翼上制造反击是聪明的下法。

#### 2.车×c6 g4

2...h5 3.f4的变化，将会让白方王翼上的兵发挥作用。

图4

> **3.h×g4 车×g4 4.车6c2**

白方也可以采取4.f4 象d6 5.王f3 h5 6.马c3 车f5 7.马e4的下法，将子力向中心和王翼集结。

> **4...h5 5.f4 象d6 6.王f3 e5 7.马c3 车c5 8.马e4 车b5 9.车h1（图5）**

图5

攻击黑方阵地当中的新目标。

> **9...e×f4 10.g×f4 车g8 11.车ch2 车h8 12.马g3**

黑方的h兵必丢，白方获得胜势。

如果叠兵不在开放线上，可以调动更多子力瞄准叠兵进攻，起到牵制对方更多子力的目的。

图6的局面中，黑方位于c线的叠兵受到白方子力的进攻，同时也令黑方的后、马和象陷入被动的防守状态中。现在，白方需要将更多的火力聚焦到黑方的叠兵上。

图6

在明确了进攻思路之后，白方的子力调动方案便清晰地呈现出来：位于e2的白马通过c3到a4，攻击黑方的c5兵。

图7反映出了棋手脑海中子力调动的路线。只要瞄准对方阵地当中的攻击目标，行动计划便会自然"跳出来"。

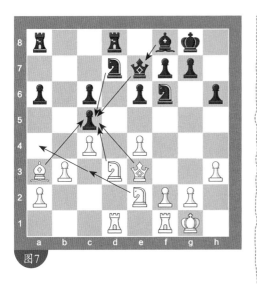

图7

### 要点3：解脱叠兵

叠兵容易成为对方的进攻目标，特别是在残局中，明明双方兵的数量相同，但是叠兵的存在总会令人产生少兵的感觉。

叠兵的一方要善于抓住机会将叠兵与对方的兵进行兑换，寻求机会主动出击，单纯的防守只会令叠兵的弱点暴露出来。

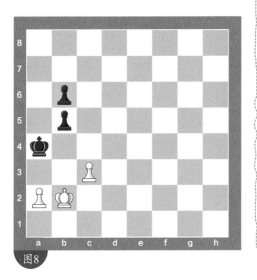

图8

图8中轮到黑方走棋。现在黑方阵营中b线叠兵的问题必须及时解决，否则当白方的王调整到位的时候，黑方叠兵将被活捉。例如1... 王a5?? 2. 王b3 王a6 3. 王b4 王a7 4. 王×b5 王b7 5.c4（图9）。

图9

白方形成了主动对王。虽然局面不是王单兵对王的残局，但是主动对王技术在此同样适用。接下来的变化是5... 王c7 6.王a6 王c6 7.a4（图10）。

又是对王状态，又是轮到黑方走棋。屡屡被主动对王，意味着黑王要让出理想的位置。

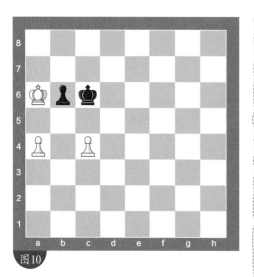

图10

7...王c7 8.王a7 王c6 9.王b8（图11）

图11

白方的王从背后入侵，黑方的王再一次被迫让出关键防守位置。

9...王c5 10.王b7，黑方b6兵失守，白王消灭黑方b6兵的同时占据了支持兵升变的关键格。

图8的局面中，黑方必须主动出击！

**1...b4! 2.c4 b3!（图12）**

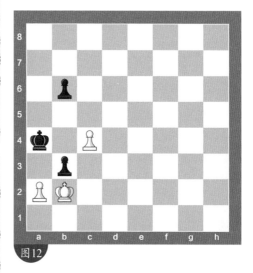

图12

黑方弃兵的目的在于改变白兵的位置。

**3.a3**

3.a×b3+ 王b4 4.王c2 b5的变化将带来兵的兑换，形成和棋局面。

**3...王a5 4.王×b3 王a6 5.王b4 王a7!**

黑方将王走到精确的位置。在5...王b7?? 6.王b5（图13）的变化中，白方形成主动对王。

图13与图9相比唯一的区别在于白方a兵的位置。这里，原始位置与第3横线位置没有什么区别。接下来经过6...a7 7.王c6 王a6 8.a4 王a7 9.王c7 王a6

10.王b8 王a5 11.王b7之后，棋局形成与图11性质相同的局面，黑方的b6兵失守。

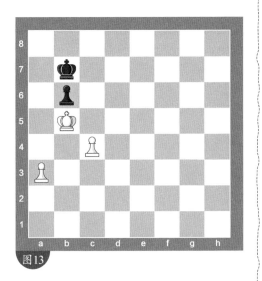

图13

### 6.王b5 王b7！

局面与图13完全相同，唯一不同的是现在轮到白方走棋。

### 7.a4（图14）

通过精准的防守，虽然黑方此时少了一个兵，但是白王难以将黑王逼离防守b6兵的重要阵地。

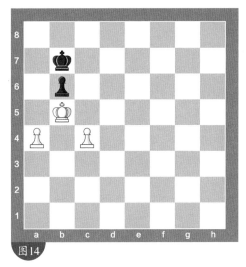

图14

### 7...王c7

黑方不能采取7...王a7?? 8.a5 b×a5 9.王×a5 王b7 10.王b5 王c7 11.王c5的下法，否则白方形成主动对王，这意味着白王能够成功占据关键格，获得胜利。

### 8.王a6 王c6 9.王a7 王c7

白王无法摆脱黑王的防守监控，棋局将以和棋告终。

## 课后作业

1 复习本课知识内容，增强对叠兵在中局和残局中的作用的正确认识。

2 用自己的话说一说叠兵的优点和缺点。

3 按照训练计划完成本书的习题。

冠军课堂

子力的交换带来兵形的改变。叠兵在棋局当中出现的频率比较高，通常在残局到来之前需要进行合理的处置，以免出现看起来兵的数量一样多，但是因为叠兵的存在，实际上相当于少兵的情况。中局阶段，叠兵在监控具体位置时能够发挥较好的作用，叠兵的存在相当于加强了对相同部位的防线数量。在中局向残局转换的过程中，要充分考虑到叠兵的不利因素，尽可能提前将叠兵兵形进行转换。

## 学习目标

**1** 了解孤兵的兵形特点和作用

**2** 学会进攻孤兵的方法，了解孤兵前方格子的作用

### 知识讲解

　　孤兵，特指这个兵相邻的两条线路上都没有己方的兵，前方没有对方兵的情况。由于孤兵无法得到己方兵的防护，因此通常孤兵会成为棋局当中受到进攻的目标。特别是来自孤兵前方线路上的攻击，令孤兵成为暴露的进攻靶子。由于孤兵两侧线路上没有己方的兵，因此孤兵前方的那个格子通常被认为是应该全力封锁的重要阵地。孤兵在进攻中能够发挥较好的支撑作用，特别是位于中心线路的孤兵，能够发挥冲击前进的威胁。

　　孤兵在残局中通常被视为一个明显的弱点，容易受到进攻而成为负担。

### ♛ 要点1：如何对付孤兵

　　攻击对方阵营中的孤兵要讲究策略，根据孤兵阵营的特点，分步骤有计划地行动。对付孤兵要掌握以下原则：

　　第一，控制孤兵前方的格子，不让对方的孤兵轻易挺进或与我方的兵进行交换；

　　第二，尽可能简化局面，通过兑子进入到残局；

　　第三，调动子力进攻孤兵。

　　下面，我们通过一盘实战对局来学习如何进攻孤兵。

*白方：卡尔奇诺伊　黑方：卡尔波夫*
*弈于1981年*

1.c4 e6 2.马c3 d5 3.d4 象e7
4.马f3 马f6 5.象g5 h6 6.象h4 0-0
7.车c1 d×c4 8.e3 c5 9.象×c4 c×d4
10.e×d4（图1）

白方的d4兵成为一个孤兵。

10...马c6 11.0-0 马h5（图2）

黑方开始谋求兑子。现在，如果黑方走11...马d5，经过12.象×d5 e×d5

13.象×e7 马×e7 14.马e5 白方成功消除孤兵。

前方的格子。

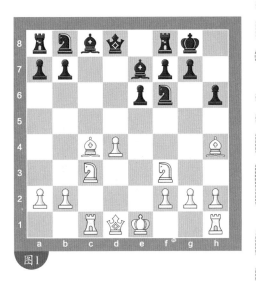
图1

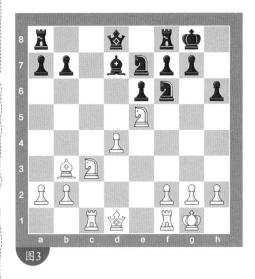
图3

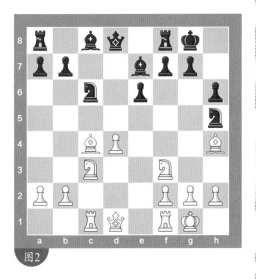
图2

12.象×e7 马×e7 13.象b3 马f6
14.马e5 象d7（图3）

黑方接下来的计划是车到c8争夺开放线路，象调动到c6，封锁白方d4孤兵

15.后e2 车c8 16.马e4?

白方的阵地上有孤兵，兑换棋子只会对黑方有利。

16...马×e4 17.后×e4 象c6
18.马×c6 车×c6!（图4）

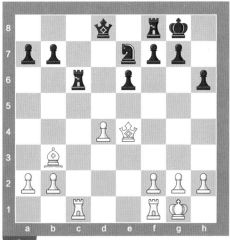
图4

黑方保持对d5的监控,如果18...马×c6,白方则可以通过19.d5消除孤兵。

### 19.车c3

白方应该考虑走19.车×c6进行兑换,黑方如果走19...马×c6,白方则走20.d5消除孤兵;如果走19...b×c6,双方都将出现一个孤兵。

### 19...后d6 20.g3?

白方应该走20.车×c6。

### 20...车d8(图5)

图5

现在黑方不用担心白方在c6兑车之后挺兵到d5了,黑方已经牢牢监控住白方d兵前进的格子了。

### 21.车d1 车b6!

黑方准备将车走到b4,加大对白方孤兵的进攻力度。

### 22.后e1 后d7 23.车cd3 车d6(图6)

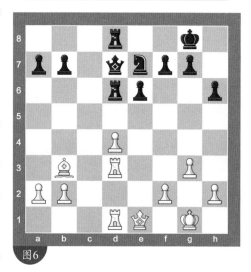

图6

黑方的车在d线迎面攻击白方的孤兵,效果肯定比将后放在d6好。

### 24.后e4 后c6 25.后f4

白方不敢轻易兑后,在25.后×c6 马×c6 26.d5 马b4的变化中,白方d兵失守。

### 25...马d5 26.后d2 后b6 27.象×d5 车×d5(图7)

轻子已经全部兑换,现在棋盘上黑方的重子都可以瞄准白方的d4孤兵。受到孤兵的拖累,白方的重子都处于被动防守状

态。棋局至此，黑方已经获得巨大的优势。

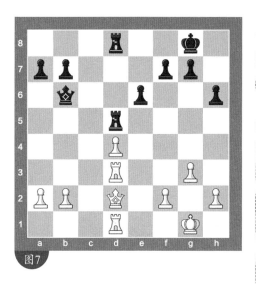

图7

28.车b3 后c6 29.后c3 后d7 30.f4 b6 31.车b4 b5 32.a4 b×a4 33.后a3 a5 34.车×a4 后b5 35.车d2 e5!(图8)

图8

开辟更多的线路，这样黑方处于积极主动位置的后和车更容易发挥作用。

36.f×e5 车×e5 37.后a1 后e8 38.d×e5 车×d2（图9）

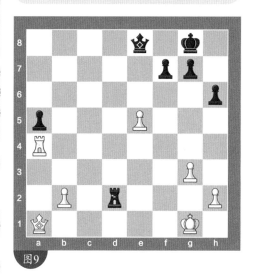

图9

白方的孤兵问题终于解决了，但是白方的王前阵地却守不住了。

39.车×a5 后c6 40.车a8+ 王h7 41.后b1+ g6 42.后f1 后c5+ 43.王h1 后d5+

黑胜。

## 👑 要点2：孤兵方的策略

有孤兵的一方，行动中要注意结合孤兵的特点制订计划，需要做到以下几点：

第一，降低重子、轻子兑换的概率，尽可能避免棋局进入到残局；

第二，加强对孤兵前方格子的监控，必要时挺进孤兵进行兑换；

第三，孤兵处于中心线路时，要善于用孤兵作为屏障支持己方的棋子占据具有进攻威力的好位置；

第四，如果孤兵旁边的线路是开放线，要争取在开放线上施加压力。

下面，我们通过一盘实战对局学习孤兵方的行动计划。

　　白方：萨博　黑方：范斯特尔

　　　　　弈于1947年

> 1.d4 马f6 2.c4 e6 3.马c3 象b4
> 4.e3 c5 5.象d3 d5 6.马f3 0–0
> 7.0–0 马c6 8.a3 c×d4 9.e×d4 d×c4
> 10.象×c4 象e7（图10）

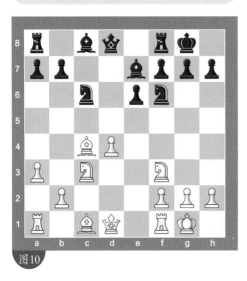

图10

白方阵营当中有一个孤兵，接下来白方将行动计划的目标指向争取主动权。

## 11.车e1

11.d5 e×d5 12.马×d5 马×d5 13.象×d5 象f6的下法，虽然解决了孤兵的问题，但不能给白方带来优势。

## 11...b6 12.后d3 象b7 13.象g5 车c8（图11）

图11

根据攻击孤兵的一方应该尽可能通过兑子简化局面的原则，现在黑方应该采取13...马d5的下法。对此，拥有孤兵的一方应该采取施加压力的策略应以14.马e4象×g5 15.马f×g5 g6 16.车ad1，一方面瞄准中心，另一方面在王翼上制造行动机会。

## 14.车ad1 后c7

此时黑方如果走14...马d5，白方可以

考虑应对15.象c1，避开兑子。

### 15.象a2 车fd8 16.h3 车d7

黑方试图瞄准白方的孤兵展开攻击行动。不过，鉴于现在棋盘上双方的子力数量众多，攻击孤兵的行动难以奏效。

### 17.d5!（图12）

图12

白方的中心突破行动开始了！此时，白方挺兵到d5的目的并非解决孤兵，而是攻王！

### 17...马×d5

在17...e×d5 18.象b1! g6 19.车×e7 马×e7 20.象×f6的变化中，白方获得子力优势。

### 18.象×d5! 后d8

在18...e×d5 19.马×d5 后d8 20.马×e7+变化中，白方获得胜势。

### 19.后e4 e×d5 20.马×d5 象×g5 21.马×g5（图13）

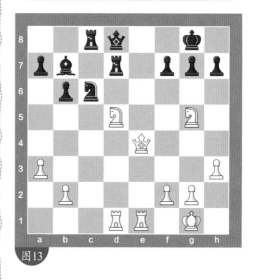

图13

白方抓住黑方的王翼阵地出现的严重漏洞，通过积极的子力调动突破防线。

### 21...g6

21...后×g5 22.后e8+，白胜。

### 22.后h4 h5 23.马f6+ 后×f6 24.车×d7 马d8 25.车e8+ 王g7 26.车×f7+马×f7 27.马e6+

棋局至此，黑方认输。白胜。

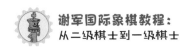

1. 复习本课知识内容，增强对孤兵在中局和残局阶段作用的认识。

2. 用自己的话将孤兵的优点、缺点进行简要的概括。

3. 按照训练计划完成本书的习题。

 冠军课堂

　　孤兵在其他子力的配合下能够发挥阵地支撑作用，因此在中局双方棋子数量较多的阶段，孤兵不算弱点。但是，在棋子数量大为减少的残局阶段，孤兵需要其他子力防护的弱点便暴露出来。学会从兵形特点进行思考，结合兵形的特点和规律设计行动计划。

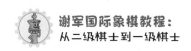

谢军国际象棋教程：
从二级棋士到一级棋士

## 学习目标

1 了解不同方向易位局面当中兵的行动特点
2 学会抢攻开线的技巧

## 知识讲解

　　双方的王采取不同方向易位之后，棋局通常充满了火药味。因为在这样的局面中，开放对方的王前阵地是主旋律，行动的主要目标聚焦在如何快速组织有效进攻方面，而不用过多考虑具体兵形的因素。用兵充当进攻行动先锋，冲开对方王前阵地并打开线路，在这样的行动当中，弃兵成为较为常见的手段。

## ♛ 要点1：充当先锋的兵

　　在双方的王采取不同方向易位的时候，如何抢先打开对方王前阵地的线路成为棋局争斗的焦点。不言而喻，打开对方王前阵地意味着己方的兵必须充当先锋，很多时候要采取弃兵的方式来争取速度。这种用兵来冲击对方王前防线的战法在一些开局中成为常用的手段，例如在下面开局变化当中的下法：

　　1.e4 c5 2.马f3 d6 3.d4 c×d4 4.马×d4 马f6 5.马c3 g6 6.象e3 象g7 7.f3 马c6 8.后d2 0-0 9.象c4 象d7 10.0-0-0 车c8 11.象b3 马e5 12.王b1

　　白方在行动之前先将王离开黑车瞄着的c线。现在白方采取12.g4下法将遭遇黑方12...b5!（图1）的反击。

　　假如白方消灭黑方的b5兵，那么自己阵地当中的f3兵就会缺少保护。

50

图1

白方当然不能接受黑兵走到h5的做法。鉴于黑方在后翼上即将开始的b兵冲击和其他进攻手段，白方弃兵抢先开启王翼的行动。

**14...h×g4 15.h5（图3）**

图3

h线、g线都是黑方王前阵地的重要通路，为了打开通路，白方不惜采取连续弃兵的手段。

**12...a6 13.h4**

黑方挺兵到a6准备开始在后翼上行动，白方针锋相对在王翼上挺兵。

**13...h5 14.g4（图2）**

图2

**15...马×h5 16.车dg1（图4）**

白方把两个车分别走到h线和g线，王翼进攻一触即发。当然，为此白方也付出了两个兵的代价。这时，抢占攻击的主动权和加快行动速度是最重要的，因此用兵助力进攻成为唯一正确的战斗策略。

图4

## 16...车c5

在16...后a5 17.象h6的变化中，白方的大军扑向王翼。在16...马c4 17.象×c4 车×c4 18.f×g4 马f6的变化中，白方有一步很厉害的利用战术弃子攻击的着法：19.马f5!（图5）。

图5

白方利用弃马强行打开黑方的王前阵地。

## 17.象h6（图6）

图6

局面变得复杂，白方通过弃兵获得攻王的主动权。很难说清究竟是黑方的子力数量优势有用还是白方的进攻有用，激烈的对攻局面表现出异向易位棋局的鲜明特点。

## ♛ 要点2：预期异向易位的 行棋策略

王车易位是快速实现王到侧翼的一种手段，通常在开局过程中双方棋手都会抓紧时间落实王车易位，把王安顿下来之后才开始组织攻击行动。

不过，也有一些棋手喜欢选择暂时将王留在中心的开局变化。当然，这样的排兵布阵并不是对王的安全不管不顾，而是在确定王的安全前提下先在棋盘当中的某个区域抢先行动，夺取先机。随后，在时机成熟的时候完成王车易位，再去调动所有的力量投入到战斗中（图7）。

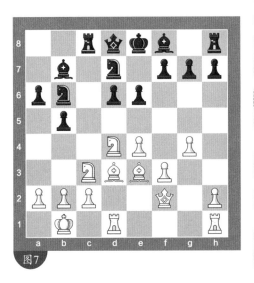

图7

图7中轮到黑方走棋。白方已经完成长易位，黑方暂时把王留在棋盘中心。黑方把时间用在后翼行动上，此时黑方后翼兵已经挺进，车也在c线虎视眈眈地瞄准白王。

**1...车×c3!（图8）**

黑方以车换马，付出了子力的代价，获得了攻王的先机。与此同时，白方王前阵地的兵形遭到破坏，黑方可以沿着c线攻击白方的阵营。需要特别提示的是，西西里防御中类似的弃子抢攻手段很有特点，

经常出现。

图8

**2.b×c3 后c7 3.马e2 象e7
4.g5 0–0（图9）**

图9

黑方把王走到安全位置，同时借着王车易位将车快速出动。

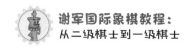

### 5.h4 马a4 6.象c1

在6.h5 马e5 7.g6 f×g6 8.h×g6 h6
的变化中，白方在黑方王翼阵地的行动中
难以找到突破口。

### 6... 马e5 7.h5 d5 8.后h2

8.g6 f×g6 9.h×g6 马×f3的变化并
不能给白方带来理想的局面。

### 8...象d6 9.后h3 马×d3
### 10.c×d3 b4!（图10）

图10

黑方用兵敲开白方的王前线路，进攻
行动方向明确。

### 11.c×b4 车c8 12.王a1 d×e4
### 13.f×e4 象×e4!

黑方直接走13...象e5+，将遭遇白方

14.d4。

### 14.g6 象×h1 15.后×h1 象×b4（图11）

图11

黑方得回弃子，棋局当中双方兵力的
对比情况重新恢复平衡，甚至黑方还多了
一个兵。战斗的结果已经明了——白方王
前阵地遭到削弱，黑方取得胜势。

在这个例子中，我们看到黑方充分利
用在后翼抢先弃子打破白方兵形的手段，
抢回行动的主动权。虽然接下来白方也在
王翼上对g兵和h兵猛冲猛打，但是并未
达到打开黑方王前阵地的目标。

由此也说明了一个道理：在双方王采
取不同方向易位的局面中，率先掌握进攻
对方王的主动权非常重要。为了打开对方
的王前阵地，弃兵是常用的手段。

**课后作业**

1　复习本课知识内容，增强对兵在双王向不同方向易位局面中所发挥作用的认识。

2　认真思考，不同方向易位局面中兵的价值应该如何评判。

3　按照训练计划完成本书的习题。

 **冠军课堂**

　　当双方的王采取不同方向易位时，棋局无疑转入复杂的对攻局面中。这个时候，攻击速度和线路开放程度成为衡量一方行动能否占据主动权的重要指标，兵成为一种特殊意义的存在——攻击先锋或者拦路障碍。两种完全不同的角色决定了兵的价值和作用。记住，在双方的王采取不同方向易位的局面中，要善于让己方的兵担负冲破对方王城的任务。

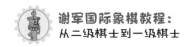

## 学习目标

1. 了解象的行动特点，学会如何发挥象的作用
2. 通过比较不同局势当中象的作用，体会象的运用技巧

### 知识讲解

　　象是具有远射程功效的棋子，在开放的斜线上能够发挥巨大的威力。但是，由于象只能在单一颜色的格子里行动，对另外颜色格子的棋盘领域不能发挥作用，所以通常双象被视为理想的子力配置。充分发挥象的远射作用，以支持其他棋子进攻是一种常见的进攻策略。在开放的局面中，象的作用要强于马；在封闭的局面中，马的功能要优于象。

## 要点1：开放局面中的双象

　　一个象只能在单一颜色的格子里行动，两个象的组合就可以控制棋盘上不同颜色的格子。特别是在线路开放的局面当中，两个象进行有效配合，威力巨大。

　　图1中轮到黑方走棋。此时棋局的线路比较开放，白方双象的子力配置非常有利，要知道，开放局面中双象的行动线路不会被兵阻挡。

图1

### 1...c×b4?

　　黑看似随意的一步棋，却令白方a1车前方的线路打开了。现在，黑方应该采取1...e×d5的下法，如果白方走2.b×c5，黑方则应以2...象a6! 3.象×a6后a5，黑方利用击双的战术先弃后取。

**2.a×b4 e×d5 3.象e2 马c6**
**4.b5 马a5 5.象a3（图2）**

图2

白方采取5.后a4 马c4 6.象×c4 d×
c4 7.后×c4 象b7 8.0-0的走法可以得兵，
但需要付出双象的代价。并且，白方已
经没有白格象可以去限制黑方白格象的作
用了。

**5...车e8 6.0-0 象f5 7.象c5 马e4**
**8.象b4!**

白方的用意是把自己的双象调整到更
理想的位置。

**8...马×c3 9.象×c3 马c4 10.后d4（图3）**

白方的象和后在a1-h8斜线上形成威
慑力量。

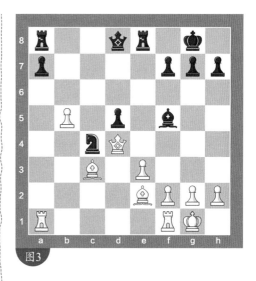

图3

**10...后g5 11.后×d5 马×e3**
**12.f×e3 后×e3+ 13.王h1 象g6**

在13...后×c3 14.后×f5 车×e2 15.后
×f7+王h8 16.后f8+车×f8 17.车×f8#的变
化中，白方成功将杀黑王；如黑方走13...象
e6，白方则走14.后d3，白方取得胜势。

**14.象h5!（图4）**

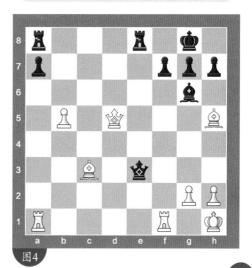

图4

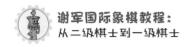

白格象开始发挥作用。

### 14... 车ad8

14...象 ×h5 15.后 ×h5 后 ×c3 16.后 ×f7+ 王h8 17.b6!，白方取得胜势；14...后 ×c3 15.象 ×g6 h×g6 16.后 ×f7+ 王h7 17.车a4，白方威胁将杀黑王。

### 15.象 ×g6! 车 ×d5 16.象 ×f7+ 王h8 17.象 ×e8 后 ×e8 18.车 ×a7（图5）

图5

白方的车和象配合，黑方的王前阵地无法防守。

### 18... 后c8 19.车 c7 后f5 20.王g1!

简单的一步棋解决了自己底线上的问题，黑后无法逃生。

## 要点2：封闭局面中马和象的能量对比

马和象都是轻子，不过行棋的特点完全不同。跳跃式的行动特点令马在封闭局面中的活力不受影响，而依赖开放线路行进的象则可能被封闭的兵形限制住，难以发挥威力。

图6中轮到黑方走棋。此时，面对白方挺兵到f5的威胁，黑方应该走1...f5还是1...f6呢？在实战对局中，由于黑方对象的特点掌握不够准确，做出了错误的决定，1...f5?。

图6

黑方正确的走法应该是1...f6，尽可能把己方的兵走到与象颜色不同的格子里，这样就不容易把象的活力限制住。

### 2.e5 d5?（图7）

黑方再次把兵走到与象相同颜色的格子里，令位于e6的象如同被关在一间由自己的兵建筑的牢房当中。

图7

### 3.马a4 后e7 4.后d4!（图8）

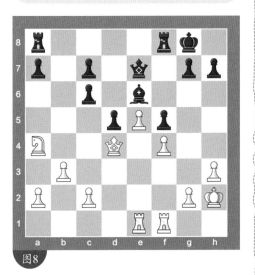

图8

白方谋求控制c5和d4，将黑方的主要兵形封锁在白格，令黑方的e6象成为被动受攻的靶子。

### 4... 车fb8 5.马c5（图9）

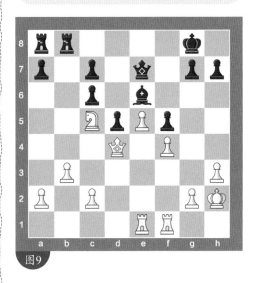

图9

白方已经牢牢地控制了局面，白马与黑象的作用有着天壤之别。

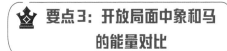

5...a5 6.a3 王f7 7.车a1 车b5
8.b4 车ab8 9.c3 车×c5 10.b×c5 车
b5 11.车ab1

白方取得胜势。

### 👑 要点3：开放局面中象和马的能量对比

开放局面中，象的远距离行动特点得到充分发挥。特别是在线路开放且两翼有兵的残局中，因为象可以实现快速在两翼

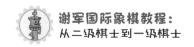

阵地间调动，且火力辐射范围大于马，因此类似局面中通常象的功能强于马。

图10的局面中，抛开具体下一步棋该走什么，仅仅从棋局大形势就明显可以感受到白象的威力——从棋盘远远的b1瞄准黑方王前阵地的h7兵，黑方王前阵地承受巨大的压力。

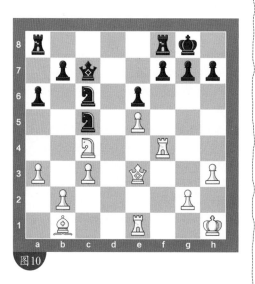

图10

图11是一个看似双方的棋子所剩不多的"简单"残局，初看以为双方势均力敌，

深入分析就会发现黑方的兵被白方的象在斜线上控制住，黑兵寸步难行；而黑马无法限制住白方的兵向底线升变的步伐。

图11

通过对比开放局面和封闭局面中的马和象的威力，我们可以清楚认识到马和象行棋的特点。象适合在开放局面中发挥作用，马在封闭局面中更容易显示出独特的作用。

## 课后作业

1 复习本课知识内容，增强对象的行动特点和规律的认识。

2 找1~2盘异色格象的对局进行学习，体会在异色格象局面当中如何把握判断要素。

3 按照训练计划完成本书的习题。

对局过程中，棋手能够很容易感受到自己的象是一个好象还是坏象，因为能够发挥作用的象与憋屈在兵链里的象差异实在太明显了。象的威力发挥与是不是处在开放的线路上，是不是能够攻击到对方阵地目标，是不是能够与其他子力进行有效配合直接相关，这些因素决定了象在棋局中的威力大小。在异色格象的局面中要特别关注兵形和象的作用发挥，由于象只能在单一颜色的格子中行动，因此在异色格象局面中敌我双方象的价值可能存在天壤之别。

## 学习目标

1 通过学习了解好象与坏象的特点及差异

2 学会让象"变好"的技巧

知识讲解

　　好象不会被兵形（特别是己方兵形）限制，在开放的线路上能够支持己方行动或者直接发挥攻击对方阵营目标的作用。坏象位于不通畅的线路当中，由于行动受阻寸步难行，因此难以发挥出应有的作用。如果象所在格子的颜色与己方兵链所在格子的颜色相同，且象被封锁在兵链内部，通常象难以发挥功效，而兵链外面的象则不会受到兵所处格子颜色的限制，能够发挥进攻作用的象具备更高的价值。

## 要点1：发挥象的积极作用

　　象能够发挥积极作用时被称作好象。由于棋局中线路的开放与封闭状态不断变化，棋子位置也在发生改变，因此"好象"和"坏象"都是一种暂时性的局面特征，具有时效性，不是长期的固定标准。

　　当一方的象能够发挥好象的作用时，一定要尽可能利用这个具有时效性的局面优势特征，将暂时性的有利条件变为宝贵的行动资源。

　　图1中轮到白方走棋。双方的子力数量相同，不过白方的象在a2-g8通畅斜线

图1

上，令黑方的王前阵地承受压力。黑方当然要想办法动摇白象的位置，第一种办法是通过兵c6-c5-c4的挺进封锁，第二种办法是通过马c8-b6-c4的方式给予白象在斜线上的压力。两种行动计划都是一个目的——限制白象在开放的斜线上发挥作用。

分析清楚局面要素之后也就随之找到了白方的行动重点。

### 1.马f5!（图2）

图2

白方跃马进入f5的目的不是为了子力兑换，而是阻止前面提到的黑方的两种行动方案的实施。

### 1...马b6

黑方无法接受在1...马×f5 2.e×f5之后白方挺兵到f6破坏黑方的王前阵地的

做法，在b3象的牵制作用下，黑方的f7兵动弹不得，王前阵地只能眼睁睁地看着被破坏。

### 2.后e3!（图3）

图3

一举多得。白方准备开启3.后g5的攻王行动，同时也带来3.马×d6 车×d6 4.车×d6 后×d6 5.后×b6得子的威胁，此外，白后还瞄准入侵c5。

### 2...马×f5

在2...马bc4 3.象×c4 b×c4（3...马×c4 4.车×d8 车×d8 5.后c5 马×b2 6.车a7，白方取得胜势）4.马×d6 车×d6 5.后c5的变化中，白方获得明显优势。

3.e×f5 c5

如果黑方采取3...马d5的下法，白方将应以4.后f3 马f6 5.g4，白方的王翼进攻来势凶猛。

4.f6! g×f6 5.后h6 f5 6.象×f7+!!（图4）

图4

来自斜线上白象的致命一击。

6...后×f7

6...王×f7 7.后×h7+之后白方取得胜势；6...车×f7 7.后g5+之后白方取得胜势。

7.车×d8

白方取得胜势。

👑 **要点2：兵链内外的象**

同样的棋子，由于其位置不同，棋子

所能发挥的作用也不同。在象的作用发挥方面，由于象的活跃程度在很大的程度上受到兵形结构的影响，因此兵形结构尤为重要。有时，象所处的位置看起来不错，但是由于行进路线被兵堵住了，象的作用很难发挥出来。当双方的象处于异色格时，有攻击威力的象远远优于被限制住的象，被动一方很难找到理想的防守办法。

原因很简单——双方的象所在格子颜色不同，被动的一方无法干涉和阻止另一方的进攻。

图5中轮到黑方走棋，目前双方的子力数量相同，黑方在王翼上的兵占据主动位置，白方王前阵地没有弱点。粗看之下，棋局没有什么特别之处。但是，双方的象处于不同颜色格子却成为决定棋局走势的重要因素。

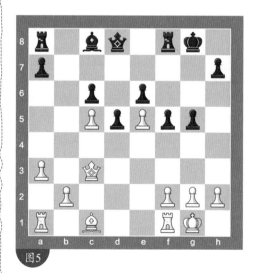

图5

## 1...f4!（图6）

图6

伴随着黑方f兵的挺进，白方c1象的活动空间受到挤压。黑兵挺进的同时起到阻止白方挺兵到f4去保护e5兵的作用，白方防护e5兵的重任落在象或其他棋子身上，局面陷入被动。

## 2.象d2 象a6 3.车fe1 车b8
## 4.后d4 象c4（图7）

黑方将象走到自己的兵链外面。原本黑象在c8的行动通道被自己的兵挡住，现在黑象走到兵的封锁线外，黑象的威力便释放出来了。

## 5.象c3 后e8 6.后d1 车b7

黑方的计划很明确，将子力逐步向王翼集结。

图7

## 7.a4 后g6 8.车a3 g4 9.象d4 车g7
## 10.f3 h5（图8）

图8

通过更多的兵向前挺进，黑方继续在王翼施加压力。黑方不用急于在f3交换兵，那样只会令白方的王前阵地获得喘息机会。

**11.车c3 车f5 12.王h1 车g5 13.b3 象a6**

黑方在王翼进攻的准备工作基本到位，白方眼瞅着黑方不断加强在王翼的压力，却难以将更多的兵力投入到防守任务当中。

**14.车g1 g×f3 15.后×f3 后e4（图9）**

图9

白方不能接受兑后带来的后果，因为白方16.后×e4 d×e4的变化只会令黑方的e兵和f兵形成厉害的连兵，使黑方获得胜势。

**16.后f2 象d3!（图10）**

黑方的象隆重登场！黑棋的计划很明确：把象调到e4，对g2施加压力。

图10

**17.b4 后f5 18.b5 象e4（图11）**

图11

黑方的象坐镇棋盘中央，威风八面。白方的象被封在兵链里面，活力全无。

**19.b×c6 车×g2 20.车×g2 车×g2
21.后×g2+ 象×g2+ 22.王×g2 后e4+**

黑方的行动获得圆满收获。

# 课后作业

1 复习本课知识内容，增强对好象与坏象的认识。

2 找2~3局象在斜线发挥进攻作用的棋局，通过学习例局加强对象的作用的理解与应用。

3 按照训练计划完成本书的习题。

冠军课堂

当象处在与己方兵链颜色相同的格子时，因为被己方的"兵墙"所包围，所以象的活动线路很容易被限制住。不过，当这个象走到兵链之外的时候，那堵"兵墙"便被甩在身后，不会限制象发挥作用。当兵链与象所处格子颜色相同时，兵链内的象称为"坏象"，兵链外的象称为"好象"。

象的远射程功能在残局两翼有兵的阵型中能够得到充分的发挥。记住，象发挥作用与兵形的关系最为紧密，要把象走到开放的线路当中，走到不会被己方兵限制的位置当中。

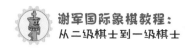

## 学习目标

1 了解马的行动特点和规律

2 通过对比马和象的行棋特点，体会马在跳跃行进中如何发挥作用

## 知识讲解

　　马是国际象棋中唯一可以越过其他子力行动的棋子。因为马每走一步都是从一个颜色的格子走到另外一个颜色的格子，所以马也有着"变色龙"的别称。马虽说行动速度不快，但在进攻短距离目标和兵形封闭的时候容易发挥作用，成为对付通路兵的有力武器。

　　马和象被认为是价值相当的轻子，不同之处在于象适合开放的局面，马适合封闭的局面。

## 👑 要点1：占据好格的马

　　随着棋局发展变化，棋盘上那些能够发挥重要作用且不会受到对方兵攻击的格子成为双方争夺的要地，这样的格子可以成为驻扎子力和运送进攻子力的中转站，所以被称为"好格"或"强格"。通常，这样的好格具有靠近中心或逼近对方阵地，双方兵形相对固定以及棋局形势符合封闭局面的特征，马是在"好格"或"强格"发挥作用的最佳候选棋子。马在占据"好格"或"强格"时，便如同一枚坚固锋利的钉子嵌在阵营当中，成为威风八面的"铁马"。

　　图1中黑方位于c5的马就是占据了好格的铁马，白方b、d两个兵都冲到第5横线，c5格不会受到白方兵的攻击。黑马驻扎在这个位置时得到己方兵的坚强防护，可以攻击到白方的a4兵和e4兵，迫使白方将子力走到消极的位置进行防守。反观白方的e3马，虽然在这个位置不会受到黑方兵的攻击，但是由于白马所在位置缺少兵的支持，所以一旦受到攻击就需要其他子力进行保护。更重要的是，马在e3没有攻击到黑方的阵地，并没有发挥出积极主动的作用。

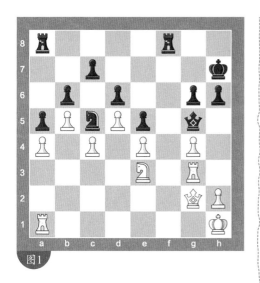

图1

图2

图3

程中看起来吃了一点亏，也比让白马一直压在d6强。

通过这样的对比分析，很容易辨别出图1中白马和黑马的价值区别。

好格的概念在马的应用方面特别重要，强格所在的位置不同，对全局发挥的作用也不同。

### 要点2：第6横线上的好格

马如果可以占据棋盘上第6横线上的好格，一般情况下能够发挥强大的进攻作用。在兵的支持下，马在第6横线好格中向对方阵地施加压力，防守方需要千方百计用其他子力兑换来清除这个位置当中的马。

图2的局面中轮到黑方走棋，现在白方位于d6的马占据了好格，黑方d7象只能在白格中行动，对于d6无法发挥任何作用。在这样的局面中，黑方就要考虑用d8车去兑换掉白方的d6马，哪怕在兑换的过

### 1...象e8

黑方假如不抓紧行动，采取1...f6的走法试图打开f线寻求反击，便会遭到白方2.后e4（图3）的应对。

白方把后调动到棋盘中央，瞄准黑方的c6兵，这下子黑方的d7象更难以动弹了。在2...f×e5 3.d×e5 c5之后，黑方c线上的兵终于顺利挺进，却阻止不了白方c线上的进攻。在4.b4! c×b4 5.车c7之后，白方的攻势变得强大。

接下来，棋局的发展可能是：4.后e5 后d5 5.f4 f6 6.后×d5 e×d5 7.车e1 王f7，局面形成对白方有利的残局，但黑方仍然拥有不错的防守机会。

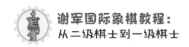

### 要点3：第5横线上的好格

马在第5横线占据好格的时候，意味着拥有一个优质的行动据点，可以好好谋划攻击计划。

图5中轮到黑方走棋，d5是白马行动的好格，借此阵地白方可以组织新的行动计划。

**2.后e4 车×d6（图4）**

图4

黑方用车换取一个马加一个兵略微吃亏一些，不过能够拔掉卡在黑方阵营中的一枚钉子，还是值得的。

**3.e×d6 后×d6**

黑方用弃子的代价换来其他子力不再被压制。虽说棋局形势依然对白方有利，不过黑方可以通过调兵遣将进行对抗。

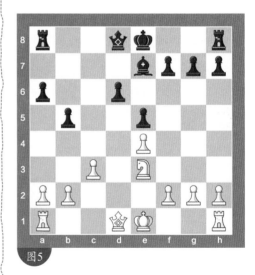

图5

1...0-0 2.0-0 象g5 3.马d5 车b8
4.后d3（图6）

图6

4...后c8 5.g3 车b7 6.h4 象h6 7.a4（图7）

图7

白方开启后翼上的行动，并找到了新的战场。棋局中，未来的战斗道路仍然漫长，白方借助位于d5的马构建进攻路径。

## 要点4：第4横线上的好格

第4横线上的好格更像是良好的资源储备，虽然马在这样的好格中作用不如在第6、第5横线的那么明显和直接，但同样可以构成潜在的攻击力量。并且，马在第4横线的好格时，还能兼顾自己的阵营，起到很好的防守作用。

图8中白方位于d4的马起到了很好的封锁作用，白方可以采取在d线施压的计划，对黑方的d5兵发起攻击。

图8

## 要点5：第3横线上的好格

第3横线上的好格更多时候起到的是防守作用，特别是对付对方的通路兵时，把马顶在通路兵前方的位置中，防守效果奇佳。

图9中白方的d3马将黑方的d4通路

兵完全封锁住，并且黑象无法对白马形成攻击。白方可以谋划在王翼上挺兵或者在后翼挺兵削弱黑方d4兵的威胁。

图9

### 要点6：马比象强的棋局特征

马在封闭的局面中比象行动灵活，通常发挥出的作用比象强。封闭局面意味着棋盘上还有很多兵，此时马不受棋盘格子颜色的限制，而象只能在单一颜色格子中行动，但显然封闭局面中的线路并不通畅。

图10中轮到白方走棋。此时白方的b6马牢牢卡住后翼，令黑方的棋子难以出动。可以预料的是，黑方接下来会采取象从f8到c5的走法试图将白马驱逐开。白方需要制订增强马的威力的计划。

图10

**1.马b1！（图11）**

图11

白方调动另一个马，通过b1-d2-c4的路线增援b6马。

1...象f8 2.马d2 象c5 3.马dc4（图12）

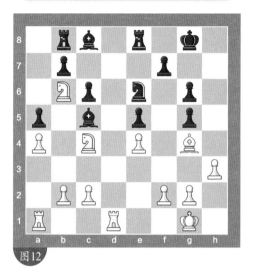

图12

刚刚好，白马及时到位，确保了b6马牢固地驻扎在强格当中。

3...象×b6 4.马×b6 王f8 5.车d2（图13）

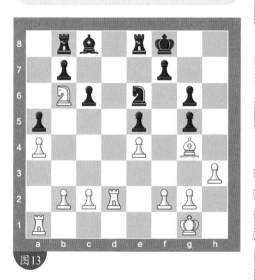

图13

白方现在需要做的事情很简单——占

据d线，集结更多的火力扑向黑方阵营。

5...王e7 6.车ad1 车f8 7.马×c8+（图14）

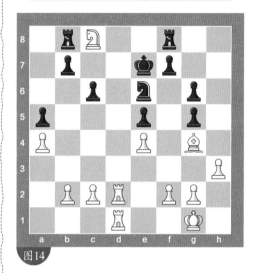

图14

一切准备就绪，白方实施最后的攻击。好马的威力已经得到了充分发挥，可以去兑换黑方的坏象了。

7...车f×c8 8.车d7+ 王f6 9.象×e6 f×e6 10.g4（图15）

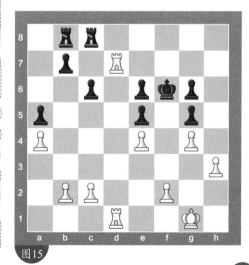

图15

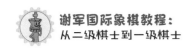

黑方无法阻挡白方接下来车1d3-f3的将杀行动。

1  复习本课知识内容，熟练掌握马在跳跃行动过程中不断变化棋格颜色的特点。

2  找1~2盘马对象的棋局，用自己的话说一说马和象的差异之处。

3  按照训练计划完成本书的习题。

冠军课堂

马是突击行动中的重要攻击力量，无论是开放局面还是封闭局面，都不能限制马跳跃行进的脚步。不过，因为马在每一步行动时能够行进的距离有限，所以在行动速度方面要弱于同是轻子的象。马在防御行动中作用明显，在加强对王的保护和阻止对方通路兵前进的任务中最能体现马的价值。把马走到通路兵前方的格子，使其担负阻拦任务，通常能够起到良好的效果。

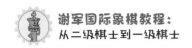

## 学习目标

1. 了解好马与坏马的特点，体会象与马的不同特点
2. 学会控制马的活动区域，掌握用马占据棋盘上强格的技巧

### 知识讲解

　　好马能够充分发挥进攻和防守的作用，坏马被"晾"在棋盘主战场之外，难以发挥作用。因为马是短距离行动的棋子，所以当一方的马远离双方战斗的棋盘主战场时，这一方需要花费好几步棋才能使马重回战斗。马在攻王的行动中通常需要其他棋子配合作战，牢牢占据棋盘上强格位置的马像一枚锋利的钉子嵌在关键位置，这样的马起到限制对方自由行动的作用，价值远远大于一个轻子。

## ♛ 要点1：控制马的活动区域

　　马具有在不同颜色格子来回跳跃行动的特点。避免马占据"好格"或"强格"的办法很简单，那就是用兵提前控制住马出行活动的格子。

　　图1中轮到白方走棋。双方的棋子数量相同，白方的两个车分别驻扎在d7和f1的积极位置，对于黑方的f7兵形成强大的压力。显然，黑方下一步的计划是跃马到f5。

图1

## 1.g4!（图2）

图2

白方的g4兵将黑方的g7马封锁在被动的位置。限制黑方的子力活动自由是一种聪明的下法，可以有效阻止黑方活跃子力带来的反击。白方假如急于消灭黑方的兵，那么将会给黑方带来反击机会。

例如在以下变化中，黑方可获得反击机会：1.车b7 马f5 2.象×b6 车c4!。

黑方的车卡住要道，阻止了白兵攻击黑马，同时可使车到b4。接下来的变化可能是：3.a5 象b4 4.车a7 象×c3 5.b×c3 车×c3 6.车×a6 车×c2（图3）。

白方占据一定的优势，不过黑方同样具有较好的防守机会。

图2的局面中，白方g4兵的封锁令黑马寸步难行。

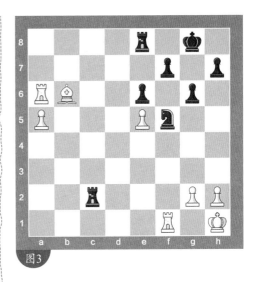

图3

## 1...h5 2.h3 h×g4 3.h×g4 b5

如果黑方走3...车c4，白方将应以4.车f4，黑方阵地中g7马被动受限的情况下，白方接受兑换其他棋子。

## 4.a×b5 a×b5 5.马e4!（图4）

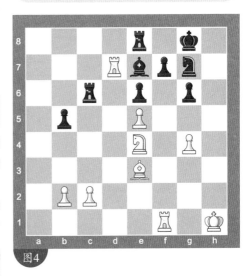

图4

白方攻击黑方王翼阵地的弱点。白方用马消灭b5兵的走法只会令自己的子力位置分散。

**5...车×c2 6.马f6+ 象×f6 7.e×f6 车×b2**

黑方更顽强的走法是7...马f5，在8.e×f5 e×f5之后，虽然黑方也遭受子力兑换的损失，但至少王前的兵阵还算牢靠。

**8.f×g7 f5 9.车f3！**

白车威胁到h3实施将杀。

**9...f×g4 10.车f4！车c8 11.象c5**

黑方无法阻挡白方的进攻。

## ♛ 要点2：该不该交换

当棋局同时具有封闭局面和开放局面的特征时，清醒地判断马和象的价值作用非常重要。

图5中轮到黑方走棋。这时局面难以确认到底是马好还是象好。白象在通畅的线路中，但是f4可以成为黑方有效的支撑点。因此，在这样的局面中，白方想办法从中心施加压力争取主动权是一个正常的计划，黑方运马到f4，充分发挥f线上的压力也是行之有效的行动攻略。

图5

**1...马f7（图6）**

图6

显然，黑方已经开始谋划将马通过h8-g6的路径走到f4，当下白方有3种选择：

第一种，立刻用象换马，在2.象×f7 车×f7 3.f3之后，形成重子+单象（留下黑格象）对重子+单马的局面；

第二种，等到黑马走到f4时用黑格象与其进行兑换，形成重子+单象（留下白格象）对重子+单马的局面；

第三种，保留双象对双马的局面，争取发挥双象的作用。

### 2.后f3 车ae8 3.后e3 b6 4.象b5?

显然，棋局中白方放弃了第一种方案，没有考虑用象交换位于f7格的马。事实证明，白方做出了错误的判断，白方应该选择4.象×f7的走法。

### 4...车d8 5.a4 马h8!（图7）

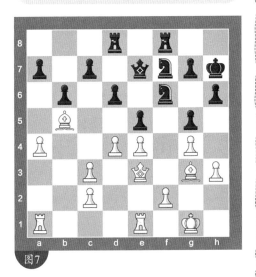

图7

打开a线对黑方来说不会带来负面作用，所以黑方无须采取5...a5的下法封闭后翼。

### 6.a5 马g6 7.f3 马f4 8.象f1 王g8 9.象×f4

因为不能接受黑马通过f6-h7-f8-g6的路径继续加强对f4的防护，白方不得不放弃了双象。黑马在f4产生了强大的威慑作用，而白方并没有找到具有实际威胁的行动计划。

### 9...g×f4 10.后f2 g5

黑方要保留在王翼上行动的机会，在10...h5 11.g5 马h7 12.h4的变化中，王翼被封闭。

### 11.d5?

白方应该走11.h4，阻止黑方11...h5在王翼行动的推进。

### 11...h5!（图8）

图8

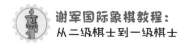
黑方在王翼上大兵压进，形成强大的攻势。

> 12.象g2 王g7 13.后e2 车h8 14.王f2 车a8 15.车eb1 马d7 16.后b5 h×g4 17.h×g4 马c5（图9）

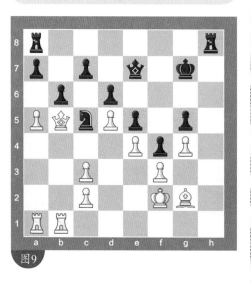

图9

白方的兵链在与象颜色相同的白格当中，黑马占据好格，显然马优于象。尽管战斗仍然漫长，但棋局发展的主动权已经掌握在黑方手中。

## ♛ 要点3：制造好格

当马占据了能够发挥积极作用的好格时，威力顿增。因此，在棋局战斗过程中，如果有机会去制造这样的好格，并将马及时调动到位，应抓住机会去争取主动权。

图10中轮到白方走棋。现在黑方威胁在中心挺兵到d5，白方除了退马回c3之外，还有什么好办法吗？

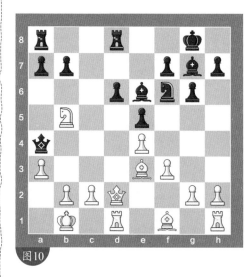

图10

> 1.c4!

只有深刻洞察棋局特点，才能走出这样的弃兵妙手。假如黑方不接受白方的弃兵，在白方退马到c3之后，白方对中心d5的管控将无法被阻挠。注意，这里白方不要贪吃d6兵，避免黑车在d线上直接发挥牵制功效。例如在1.马×d6? a6! 之后，黑方获得明显优势。

> 1...象×c4 2.马c3 后b3 3.象×c4 后×c4 4.象g5!（图11）

白方的用意很明确，就是用象交换黑方防守d5的f6马，然后让自己的马稳稳地占领d5，形成中心"铁马"。

图11

**4... 后e6 5.象×f6 后×f6 6.马d5（图12）**

图12

黑方无法动摇白马的位置。虽然此时黑方多了一个兵，但是由于白马在中心虎视眈眈，黑方反而处于下风。

**6... 后h4 7.后e2 象f8 8.后f1!（图13）**

图13

白后的目的是防住h3，避免黑后捷足先登。一切准备就绪之后，白方将开始挺进王翼兵。

**8... 车ac8 9.g3 后g5 10.h4 后h6 11.g4 g5 12.h×g5 后×g5 13.车h5（图14）**

图14

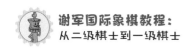
白方王翼攻势凶猛，黑方局势岌岌可危。

课后作业

1 复习本课知识内容，通过练习加强对好马和坏马的理解。

2 找1~2盘用马防守通路兵的例子，用自己的话说一说对马占据棋盘强格的理解和体会。

3 按照训练计划完成本书的习题。

冠军课堂

牢固占据好格的马攻守兼备，这样的马的实战价值不能用轻子的分值来衡量。相比之下，坏马容易成为对方进攻的靶子或堵塞己方其他棋子活动的障碍物，难以快速参加主战场的行动。好马的能量大过车，坏马只能当摆设。找到"好格"或"强格"，让己方的马占领阵地变成"铁骑"，避免坏马情况的出现。

第 12 课

看棋谱，写棋评（一）
棋艺技巧

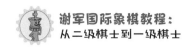

## 学习目标

1. 学会从棋艺知识角度进行思考分析
2. 掌握看棋谱、写棋评的基本要领和技巧

### 知识讲解

　　看棋谱、写棋评是棋手训练过程当中的重要环节，他山之石可以攻玉，学会看棋谱，思考其他选手特别是高手对棋局的理解和认识，对加强自己在相关局形的认识起到重要的参考和借鉴作用。自己下出来的对局反映的是棋手本人对棋局形势最为真实的想法和判断，对局结束后进行分析解拆（通常叫拆棋），然后把重点内容以棋评方式进行记录，这样的棋评便成为棋手日后总结和思考的"功劳簿"和"错题本"。

　　本课重点从棋艺知识的角度对棋谱和棋评进行针对性的讲解。

### 要点1：走棋之前
　　　　多问几个为什么

　　国际象棋中很重要的一条规则叫作"落子无悔"，一步棋走完之后，不管你是否满意，都不能改变已下的棋。因此，棋手在走一步棋之前，要养成三思后行的习惯，尽量把可能形成威胁的因素都考虑周全。例如，在你走棋之前，你可以做以下几点思考。

　　第一，这步棋的格子是安全的吗？

　　第二，我的行动有没有瞄准对方阵地的主要攻击目标？

　　第三，我的阵地当中会不会有棋子被对方消灭掉？

　　图1中轮到黑方走棋，现在黑方考虑在1...车d8和1...车e8中选择一个行动方案。按照前面提到的3个问题，从黑方的角度进行回答。

　　（1）这步棋走完之后，所到的格子是安全的吗？

　　答：1...车d8或1...车e8都是安全的，没有区别。

　　（2）我的行动有没有瞄准对方阵地的攻击目标？

　　答：似乎都没有。

图1

（3）我的阵地当中会不会有棋子被对方消灭掉？

答：白方威胁消灭黑方的d5兵，1...车d8可以直接对d5兵进行防守。1...车e8 2.象×d5 象g5+ 3.象e3 象×e3+ 4.车×e3 车×e3 5.象×f7之后，白方多了一个兵。

综上分析，图1的局面中黑方应该走1...车d8。

看，通过自问自答的过程，黑方的正确走法便自动浮现出来。

## ♛ 要点2：考虑对方的行动

思考过程中，一些棋手总是习惯性地考虑自己的计划，下一步走什么等，经常忽视对方的走法和威胁。不要忘记，棋局过程中双方轮流走棋，没有哪一方可以连续走棋。因此，考虑自己的棋的同时，要从对手的角度去思考。特别是对方走完一步棋之后，一定要先从以下角度来思考评估一番。

第一，对方有没有威胁吃我的棋子？

第二，如果对方威胁叫吃我的棋子，我是不是需要马上应对？

第三，不理会对方，继续实行自己的计划是否更具威力？

图2中轮到白方走棋，白方能不能用马消灭黑方的e5兵呢？

图2

试着先回答以下问题。

第一，对方有没有威胁吃我的棋子？

答：是，d4后受到攻击。

第二，如果对方威胁叫吃我的棋子，我是不是需要马上应对？怎么应对？

答：需要马上应对，后的价值非常高。假如白方采取1.马×e5 后f5 2.马g4 车×e2+（图3），黑车不仅在e线上占据

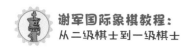

了开放通路，还驱车到了白方的次底线，棋子位置非常积极主动。

图3

接下来的变化可能是：3.车f2 后f4 4.后×f4 马×f4+ 5.王f1 车be7，黑方占据主动。

第三，不理会对方，继续实行自己的计划是否更具威力？

答：必须应对黑方叫吃白后的威胁，不过经过前面的分析，白方应该把后走到其他位置，而不是消灭黑方的e5兵。

看，当棋手掌握了思考方法后，顺着合理的思路进行推理计算，自然会把正确的走法找到。

## ♛ 要点3：看棋谱，长见识

高手的经典对局中，有最流行的开局变化、精彩的构思和奇思妙想的将杀着法，处处展现出国际象棋的魅力。看这样的对局，确实是一种享受，并且从中可以吸取棋艺知识养分，启发思路，开阔眼界。

当然，高手的棋局也会出现一些错误的计划和计算的失误，遇到这种情况我们更要学会去思考其中的原因。从错误中吸取经验教训是提高棋艺水平的一种非常重要的途径。

*白方：瓦里奥　黑方：卡斯帕罗夫*
*2004年弈于莫斯科*

这是西班牙男子第一高手瓦里奥与男子世界冠军卡斯帕罗夫之间的较量。棋局过程一波三折，充分表现出高手在较量时对自己技战术的评估与心理状态的变化。对局开始阶段，执黑的卡斯帕罗夫下得非常有侵略性，将王留在中心制造复杂局面。执白的瓦里奥表现得很有耐心，稳扎稳打不急于行动，表现出精准的局面判断水平。对局后半程双方转入激战，双方棋手恢复了正常的状态，频频给对方制造麻烦，最后长将成和。

1.e4 c5 2.马f3 d6 3.d4 c×d4 4.马×d4 马f6 5.马c3 a6 6.象g5 e6 7.f4 后b6 8.后d2 后×b2 9.车b1 后a3 10.f5 马c6 11.f×e6 f×e6 12.马×c6 b×c6 13.e5 d×e5 14.象×f6 g×f6 15.马e4 后×a2（图4）

15...后×a2是西西里防御变化中的一种创新着法，以往更多时候采取15...象

e7 16.象 e2 0-0 17.车 b3 的下法形成复杂的局面。黑后吃 a2 兵这一步很具有挑衅性。

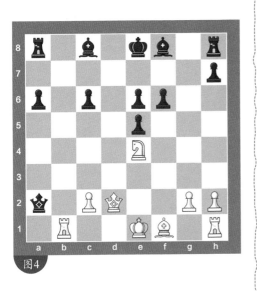

图4

不用煞费苦心地琢磨如何放置 c8 象了。

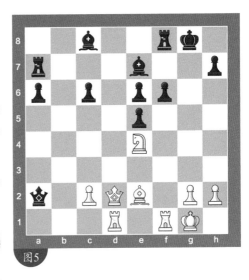

图5

### 16.车 d1

显然，黑后吃 a2 兵的创新走法是有备而来，因此白方没有采取 16.马 ×f6+ 王 f7 17.车 d1 的下法，担心弃子之后会遭遇对手的埋伏。

### 16...象 e7 17.象 e2

如果白方采取 17.马 d6+ 象 ×d6 18.后 ×d6 的下法，黑方将应以 18...后 a5+ 19.王 f2 后 b6+，黑后成功回防。

### 17...0–0 18.0–0 车 a7（图5）

非常新颖的子力调动设计，黑方计划将车调动到第7横线，这样一来，黑方就

### 19.车 f3 王 h8

黑方应该考虑 19...车 f7 的下法，把更多的子力调动到王翼。

### 20.车 g3 车 d7 21.后 h6 车 f7 22.后 h5（图6）

白方利用先手叫吃的走法调整子力位置。衡量一步棋的效率高低，关键要看这步棋能够达到的攻防效果有多大。

### 22...车 ×d1+ 23.象 ×d1 后 a5（图7）

黑方采取威胁将杀的方式将后走到攻防兼备的位置中。

图6

图7

24. 王f1 后d8!（图8）

黑方万不可大意，在24...车f8 25.车h3之后，白方获得胜势。

图8

25. 后×f7 后×d1+ 26. 王f2 后×c2+ 27. 王f3 后d1+ 28. 王f2 后c2+ 29. 王e3 象c5+ 30. 马×c5 后×c5+ 31. 王d2 后f2+ 32. 王c3 后d4+ 33. 王c2 后f2+ 34. 王c3

长将和棋。

### 要点4：写棋评，知对错

不要怕自己对局当中出现这样或那样的错误，对于在技术不断成长阶段的棋手，最重要的一种能力是避免同样的错误出现。如何避免错误再次出现呢？棋手首先要做的事情就是必须知道对错的标准，以及自己为什么会出错。在自己写棋评的过程中，对表现出色和犯错误的地方都尽量加以记述，有利于棋手逐步理清自己的思维和技术特点，不断提高对国际象棋理论知识和技战术应用的理解。

## 课后作业

1 复习本课知识内容，将他人棋谱与自己棋评当中涉及到的关键棋艺知识进行深入对比分析。

2 回忆自己的对局，说出2~3个关键时刻自己做出技术判断的依据，将决策正确或决策失误的关键环节进行复述。

3 按照训练计划完成本书的习题。

不少棋手喜欢看高手的棋谱，但是对于自己下过的棋局则没有那么重视，经常扔到一边懒得再多看一眼。不要因为自己的棋艺水平有限，对局中充斥着这样或那样的错误便忽视了对自己下过的棋局的解拆，因为看高手的棋谱与写自己的对局棋评同样重要！看高手的棋谱如同找到一个范例进行学习，方便今后借鉴和参考。写自己的对局棋评则是客观审视自身对棋局的认识，只有对关键环节进行重点标记，加强对棋局的认识和理解，不断提升对自己棋局的认知水平，才能扬长避短取得扎扎实实的进步。

第13课

看棋谱，写棋评（二）
心理感受

## 学习目标

1 学会从临场心理感受的角度进行思考分析
2 掌握看棋谱、写棋评的基本要领和技巧

### 知识讲解

　　棋手对局时做出的判断和决策不仅与技术水平相关，也与棋手的心理状态和现场的其他因素相关，例如比赛成绩需求、以往棋手之间的战绩、对相关类型局势的思考习惯、内心对棋局结果的预期等，都可能成为影响棋手做出决策判断的原因。棋局变化复杂多样，在众多可供选择的行动路径面前，棋手要通过综合分析和思考进行决策判断，在这个过程中需要以棋局的需求为主要判断依据，以客观的态度和稳定的心态面对棋局。看棋谱时不仅仅要看棋局技战术的运用，还要关注高手在决策时对内心感受的描述，写棋评时要客观记录自己临场的感受，这些训练可以帮助棋手加强心理能力建设，以更好的状态充分展示自己的棋艺水平。

　　棋手要掌握安全行棋的要点，正确的思考方法可以帮助棋手避免出现低级错误。

### 要点1：不要冒失地进攻对方弱点

　　发现对方阵营中的弱点之后组织力量进攻是正确的策略，但是在组织进攻行动的时候，切忌只关注对方阵营中的弱点，忽略了对方的防守力量和设下的陷阱。

　　图1中轮到白方走棋。黑方后翼上的b6兵已经成为白方进攻的靶子，现在白方应该选择直接攻击黑方后翼的兵还是选择在王翼上加强防守呢？

　　白方有以下几种走法。

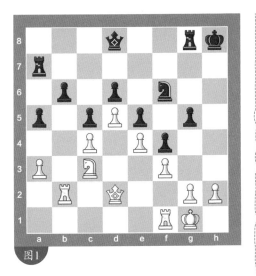

图1

黑方的兵强行突击，冲开了白方王前阵地。由于e4兵依赖f3兵的防护，因此白方只能用h3兵吃黑方的g4兵，这样带来的后果是h线被打开。

> 3.h×g4 马×e4 4.f×e4 车×g4
> 5.后e1 后g5

黑方的进攻势不可挡。

## 第2种

 加强己方攻击力度

> 1.车fb1?! g4

白方急于进攻黑方的b6兵，没有阻止黑方王翼兵的挺进。伴随着黑方挺兵到g4，白方王前阵地的形势一下子紧张起来。

> 2.车×b6!（图3）

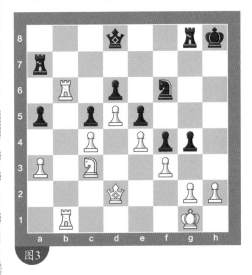

图3

## 第1种

 只关注自己的行动计划

> 1.马b5?

这一步看似积极主动，但却帮助黑方的车快速向王翼调动，同时放松了对e4兵的防守。

> 1...车h7 2.h3 g4（图2）

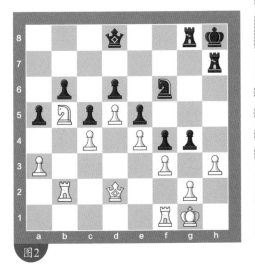

图2

紧要关头，一定要采取强攻的策略，被动防守的2.f×g4? 马×g4下法，将会令黑方的子力源源不断地冲向白方王前阵地。

### 2...g×f3 3.车b8

白方抢到的就是这步棋，由于黑马挡住了黑后的线路，黑后还来不及直接扑向白方王前阵地。

### 3...后×b8 4.车×b8 车×b8 5.g×f3 车b3

棋局形成复杂的局面。

## 第3种
## 首先打消对手的行动意图

### 1.h3!（图4）

图4

提前防范，不让黑方的g兵轻易挺进白方王前阵地。

### 1...车h7 2.后f2（图5）

图5

白方再次将子力向王翼调动，加强对王前阵地的防范。白方假如急于攻击黑方b6兵的弱点走2.车fb1，将会遭遇2...g4! 3.f×g4 马×g4 4.h×g4 后h4 5.车×b6 f3，白方的王前阵地彻底被攻破。

图5的局面中，黑方在王翼强行突破的计划难以实施，在2...g4 3.f×g4 马×g4 4.h×g4 车×g4 5.马e2 车hg7 6.车b3的变化之后，白方能够组织有效的防守。

我们通过对3种不同的行动方案分析可以得出结论，采取第3种先打消对手行动意图的方案效率最高。由此可见，针对黑方的b6兵弱点，白方最优的做法是构建好王前防御阵地之后再从容组织进攻。

## 要点2：看棋谱，长见识

高手的比赛对局评注对于比赛得分状况、比赛棋手用时、对阵双方以往战绩等因素都会进行适当的描述。特别是在棋手的自战解说中，对于临场关键时刻做出判断决策的记述，真实复述了当时的情境。学习这些内容，能够很好地达到增长见识的目的。学习高手对局时的心路历程，知道高手们在表现特别棒时是怎么思考的，犯错误时是如何面对并尽全力挽回损失的，这些知识都是棋手技战术能力建设的组成部分。

*白方：卡姆斯基　黑方：阿南德*

*1994年弈于印度*

这局棋是男子世界冠军候选人赛的最后一盘，执黑棋的阿南德比分落后，处于背水一战的处境。比赛的前9盘棋一波三折，比赛开始阶段阿南德先声夺人接连取得2盘胜局，正当众人都认为卡姆斯基大势已去的时候，这位有着钢铁意志的棋手开始了顽强地反击，神奇地在前8局慢棋较量中将比分扳平。从第9盘开始比赛进入快棋较量，阿南德状态低迷先失一局，第10盘执黑必须胜利的形势要求下，阿南德在这盘棋当中的发挥大为失常。

### 1.d4 马f6 2.马f3 c5 3.c3 g6

通常，阿南德不采取侧翼出象的走法，他的风格更倾向于稳健的下法（如3...d5）。但是，因为比分落后的原因，阿南德选择了更容易引起复杂战斗的开局变化。

### 4.象g5 后b6

比较稳健的下法是4...马e4 5.象f4 象g7 6.马bd2 d5 7.e3　马×d2 8.后×d2 c×d4 9.c×d4 马c6，局势平稳，白方获得稍优的局面。

### 5.后b3（图6）

图6

聪明的下法！在比分已经领先的情况下，卡姆斯基选择了最为稳健的应对方式。白方假如愿意接受复杂局面，肯定会选择

5.马bd2 后×b2 6.e4 后×c3 7.车c1 后b4的下法，通过弃兵换取主动权。

## 5...马e4?!（图7）

图7

比较稳健的下法是5...象g7 6.马bd2 d5 7.e3 马c6，形成大致均势的局面。

## 6.象f4 马c6?（图8）

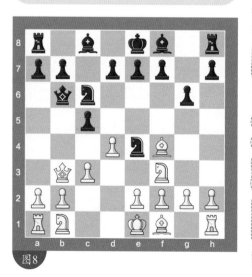

图8

从这步棋来看，黑方的问题已经不在技术上，而是在比赛临场的状态上。黑方不能把中心拱手相让给白方，6...d5 7.马bd2 马c6 8.e3的变化是正常的选择。

## 7.d5 马d8?（图9）

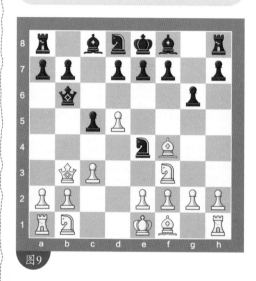

图9

黑马的位置太被动！这步棋表现出执黑选手已经处于见招拆招的勉强应对状态。在7...马a5 8.后×b6 a×b6 9.马bd2 马×d2 10.马×d2 象g7 11.e4的变化中，白方获得理想的局面。

## 8.马bd2 马f6?

黑方再次没有缘由地退让。

## 9.e4 d6 10.象b5+ 象d7 11.a4（图10）

白方走得有条不紊，巨大的空间优势

令白方的行动游刃有余。

图10

11... 后c7 12.0–0 象g7?

虽然在12... 马h5 13.象g5 象g7 14.车fe1 之后，棋局依旧对白方有利。但至少，黑方不会迅速陷入崩溃。

13.e5! 马h5 14.e×d6 e×d6
15.车fe1+ 王f8 16.象×d7 后×d7
17.后b5（图11）

卡姆斯基的棋走得精准有力，一点不拖泥带水。棋局至此，黑方已经无法找到有效的防守。黑方认输，白胜。

为什么世界最顶尖的棋手在关键比赛当中会大失水准呢？问题就出在棋手的心态受到了比赛过程和比分形势的影响，导致棋手在比赛中发挥失常，技术变形。从这局世界顶尖高手在世界大赛中下出的质量不高的棋局中，我们能吸取什么样的经验教训呢？

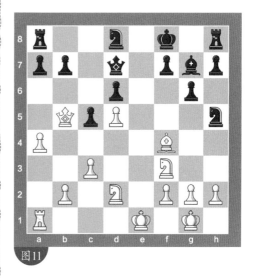

图11

### 要点3：写棋评，知对错

在一些关键的棋局对抗中，棋手的状态好坏在很大程度上决定了临场水平的发挥。例如，在复杂局势的多种选择面前，棋手往往无法完全依靠计算明确棋局走势，判断的依据就会夹杂一些感觉的因素。棋手需要将这些关键时刻的心理变化记录下来，赛后进行分析，对经验部分加以总结，对不足部分加以改进。

## 课后作业

1 复习本课知识内容，将他人棋谱当中涉及心理变化的地方进行标注，在自己棋评当中增加关于临场心理感受的记录。

2 回忆自己的对局，对2~3盘棋局关键时刻自己临场的心理变化，用语言复述或文字记录。

3 按照训练计划完成本书的习题。

常言道："功夫在棋外。"棋外的功夫在很大程度上影响棋手的状态和临场发挥的水准，状态好的时候棋手可以做到超水准发挥，状态差的时候煮熟的鸭子也能从眼皮底下飞走。一些棋手平时训练时表现出很高的水平，但是在比赛关键场次就屡屡发挥失常，问题也不是出在棋艺技术方面，而是心理能力不够强大。在学棋谱、写棋评的过程中，要注意对棋局关键转折时刻棋手心理变化的记录，特别是自己在对局时的感受，然后对其进行客观分析，对表现不足受到干扰的环节进行不断完善。棋手的水平越高，越能感受到"棋盘外功夫"的重要性。

第14课

看棋谱，写棋评（三）
关键重点

## 学习目标

1 增强对棋局转折关键和重要环节的认识

2 掌握看棋谱、写棋评的基本要领和技巧

### 知识讲解

　　棋局战斗是一个漫长的过程，在这个过程的有些阶段，双方棋手的对抗节奏比较平缓，棋评很少会将笔墨用在记录这个阶段双方的走法。棋评通常对棋局转折点、特别具有创造力的着法、犯下明显错误的计划和走法以及复杂局面难以做出决策的情况给予特别的关注，这些内容是棋手在看棋谱以及自己写棋评时都应该重点考虑的部分。当棋局处于复杂争斗时，棋手的每一步棋都会对棋局发展产生重大的影响。学会如何在关键时刻冷静客观地作出合理判断，有助于棋手把握棋局战斗机会，不断提升棋手的综合能力。

　　棋手要掌握安全行棋的要点，正确的思考方法可以帮助棋手避免出现低级错误。

###  要点1：加强对己方棋子的保护

　　棋局交战是一个双方棋手想方设法攻击对方阵地的过程，深入到对方阵地的我方棋子威力大，但同时也更容易受到攻击。加强对己方棋子的保护非常重要。担负保护任务的棋子最好是兵，因为兵的价值低，在担负防护使命时首先不会消耗己方过多力量，其次遇到子力交换时我方不用担心太多棋子分值受损的情况发生。如果换为后、车这样分值高的棋子担负防护任务，我方在遇到双方子力交换时就要特别考虑是否会丢子失分。

　　图1中黑马就是依靠e5兵的防护驻扎在d4，此时黑车行动自由，没有顾虑。

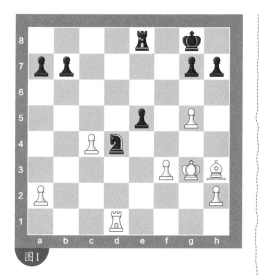

图1

图2中轮到白方走，假设白方走1.王
e3，黑方也无须担心白方在d4用车交换
黑方的马和兵。黑方e5兵起到了坚强的
防护作用，黑马在d4很安全。

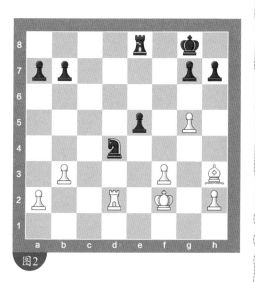

图2

图3中轮到白方走。此时黑方没有e5
兵，防护d4的棋子是车，在白方走1.王
e3之后，黑方面对的是白方将在d4用单

车交换车和马的情况，因此黑方必须采取
1...马c6的方式进行应对。所以，图3的
局面中，黑马在d4的安全防护并不牢固。

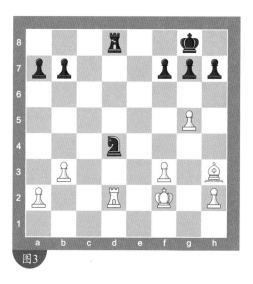

图3

### ♛ 要点2：保护好自己的棋子

当棋局出现行动获利的诱惑时，行动
一定要特别谨慎。想清楚这是因为对方没
有看到而犯下的错误还是埋伏设下了圈套。

图4中轮到白方走棋。此时，白马受
到黑象的进攻，假如白方草率地采取1.马
×a7的走法，就会被黑方应以1...车a8，
白马被活捉。可见，a7兵是黑方设下的一
个陷阱。否掉1.马×a7的走法之后，白
方需要在马走到其他位置和用兵防守马的
选择之间做出正确的判断。拒绝表面的诱
惑，才能获得长久有利的局面。

图4

### ♛ 要点3: 看棋谱，长见识

高手的棋谱对于开局新变化的出现、战术弃子行动打击、关键决策环节等部分给出了详实的棋评分析，对于这部分内容，要带着思考去学习，将自己假设为对局中的一方，看看自己会怎样想，怎样做出判断。

棋谱中有些知识内容是几百年前棋坛高手的奇思妙想，这些经典的棋艺技战术以当年大师的名字命名，这些都是国际象棋文化历史知识的一部分。

### ♛ 要点4: "曲线救国"技术

列奇是18世纪的国际特级大师，在开局和残局知识领域提出过很多独到的见解。现代国际象棋棋书将著名的"列奇构想"

定义为王兵残局方形区理论的一部分。

图5中轮到白方走棋。按照常规的王兵残局方形区理论，显然黑方的王位于白方c6兵升变的方形区中，白方的王所在位置远远超出黑方h5兵的升变方形区。

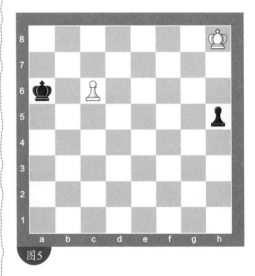

图5

不过，此时的局面是王单兵对王单兵，与方形区理论应用的情况不完全相同。白王的行动可以有效借助c6兵的威力，成功防守。

### 1.王g7! h4（图6）

黑方尽可能快速挺进小兵。在1...王b6 2.王f6 h4 3.王e5! h3 4.王d6 h2 5.c7 h1后 6.c8后的变化中，双方的兵同时升变，和棋。

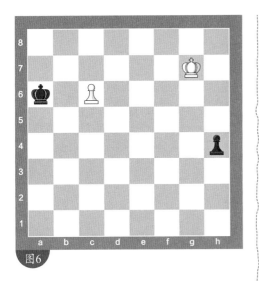

图6

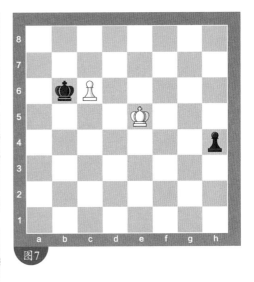

图7

## 2. 王f6

白王威胁下一步走到e7，进入到支持c兵升变的关键格中。

## 2... 王b6

黑王不得不花费一步棋的时间靠近白兵，在2...h3 3.王e7 王b6 4.王d7 h2 5.c7 h1后 6.c8后的变化中，双方的兵同时升变。

## 3. 王e5!（图7）

虽然看似白王走动的这步棋既没有保护住c兵，也没有进入到阻止黑方h兵升变的方形区中，但是这步棋却具有同时实现这两个目的的潜能。

## 3... 王×c6

3...h3 4.王d6 h2 5.c7，双方的兵同时升变。

## 4. 王f4

白王顺利赶回到黑兵升变的方形区，和棋。

图8中轮到白方走棋，目前白方的王没有处于黑兵升变的方形区，黑方的王能够阻止白兵升变，貌似白方难以成功防守。

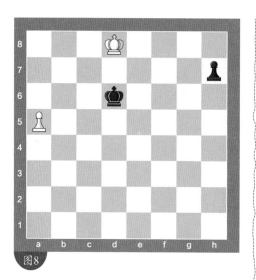

图8

这个局面看起来与图5完全没有关系，但是两者的行棋思路却如出一辙。

### 1. 王 c8 王 c6 2. 王 b8!（图9）

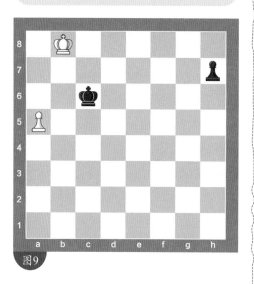

图9

白方威胁冲兵到a6，黑方的王必须贴住白兵。

### 2... 王 b5 3. 王 b7!

白方采取与图9的局面一样的技巧，再次威胁走到4.a6，黑方无奈只能选择消灭白兵。

### 3... 王 × a5 4. 王 c6

白王顺利冲破黑王的封锁，走到可以阻止黑方h兵升变的方形区中。和棋。

### ♛ 要点5：精妙排局中的智慧

排局不是现实棋局中出现的局面，而是人们精巧构思出来的特定棋图，其中蕴含着国际象棋深奥的思想和精湛的棋艺技巧，解题思路充满创造力。解答排局习题时，棋手需要采取不拘一格的思路和应对方法。在训练过程中，棋手可以适当选择一些排局习题进行思考并尝试解答，从而培养自己的创造性思维能力。

图10中轮到白方走棋。白方子力数量落入下风，如果现在采取1.c8后？象f5+2.王c7 象 × c8 3.王 × c8 b5的下法，黑胜；采取1.王d6? 象f5 2.王c5 王e4 3.王b6 象c8之后，黑王逐步靠近，白方无法阻挡黑方通向胜利的脚步。

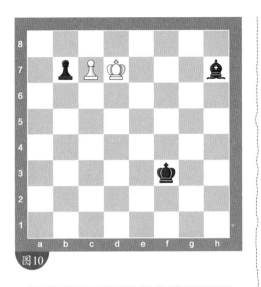

图10

### 1.王c8!!

白方思考的要点是必须让黑兵离开b7，不能让黑象在走到c8的时候达到既阻止白兵升变，又保护b7兵的目的。

### 1...b5 2.王d7 b4 3.王d6 象f5 4.王e5!（图11）

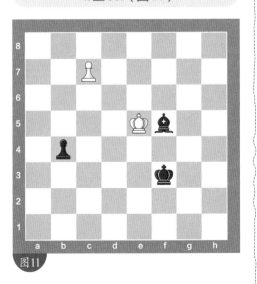

图11

白方得到关键的一步先手，借助吃象的威胁，白王如愿转到后翼防守b兵冲击的战斗中。

### 4...象c8 5.王d4（图12）

白王借助攻击象占得一步先手，现在顺利走到阻止黑兵升变的方形区中，成功实现预期防守目标。棋局将以和棋告终。

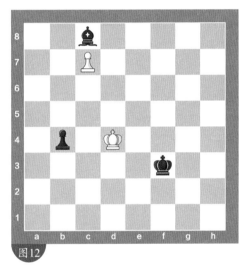

图12

## ♟ 要点6：写棋评，知对错

一些棋手喜欢将自己在成功处理棋局关键环节的经历加以记录，对出现失误的经历却只字不提，这样的做法看似减轻了一些"痛苦的回忆"，但是不能达到深刻分析错误原因，避免类似问题再次出现的效果。将关键环节的所思所想记录下来，

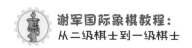
对正确部分加以强化，对错误部分进行修正，这样的棋评才有质量，才会有助于训练效果的提升。

1 复习本课知识内容，对棋谱中带有"好棋"和"坏棋"标识的着法进行重点学习，在自己棋评中对重要决策的着法进行点评。

2 用自己的话说一说棋谱和棋评当中的"好棋"和"坏棋"，并尝试总结特点和规律。

3 按照训练计划完成本书的习题。

很多棋手都有类似的感受：棋局过程当中真正令人感到左右为难举棋不定的时刻并不多，特别满意的着法也只有那么几步，更多的时候自己只要按照惯性思考就能有思路，很多着法也似乎没有多大挑战性，只要自己认真思考、顺其自然去处理就可以。可是，最难的就是关键时刻的决策和令人煞费苦心的几步棋，这决定了棋局发展的轨迹。由此可见，在学习他人棋谱或写自己对局棋评的时候，要善于将注意力放在关键转折局面和那几步"关键着法"上。好的训练方法可以帮助你总结经验，提升高效判断的能力。

第15课

打造开局武器库（一）
找到自己喜欢的开局

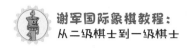

## 学习目标

1 通过实战练习找到自己喜欢的开局

2 掌握开局要点

## 知识讲解

国际象棋开局千变万化，棋手在有些开局中感到得心应手，而在另外一些开局中却可能感到没有什么思路，处处感觉有些别扭。这样的感受与棋手思维风格和棋风喜好相关，例如对于喜欢攻杀风格的棋手，开放的局面和积极主动的下法就很对他们的脾气，而对于稳健风格的棋手，阵型坚固稳步推进的实惠获利下法才能令他们找到舒服的感觉。开局的选择直接决定了棋局的阵型结构和行棋策略，结合棋手的风格特点选择开局，才能提高效率，做到扬长避短。

很多开局的棋谱都经历了时间长河的洗礼，在开局学习过程中，建议采取先跟着棋谱学习，然后进行实践对局，最后结合自己的体会进行适度创新的策略进行学习。

## ♛ 要点1：开局体系的学习

在众多的国际象棋开局中，棋手要学会找到适合自己的开局变化进行系统学习，这样才能在实战中做到心中有底。学习国际象棋开局需要以了解不同开局特点为导引，逐步丰富自己的开局知识体系。

以1.e4 e5 2.马f3 马c6 3.d4（图1）形成的苏格兰开局为例，此开局便存在很多种变化。

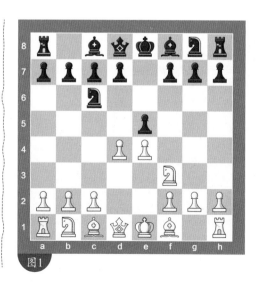

图1

谢军国际象棋教程：从二级棋士到一级棋士

白方直接在中心挺进d兵，决定了双方兵力直接纠缠在一起交战的战斗格局。

3... e×d4

黑方接受中心兵兑换，白方可以采取不同的应对方法，执黑一方需要了解以下主要的开局下法。

## 苏格兰开局四马变例

4.马×d4 马f6 5.马c3（图2）

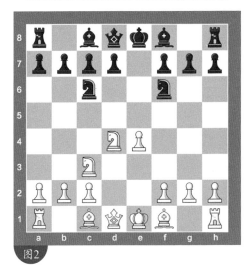

双方的4个马均出动，开局变化由此得名。

5...象b4 6.马×c6 b×c6 7.象d3 0-0
8.0-0 d5 9.e×d5 c×d5 10.象g5 c6（图3）

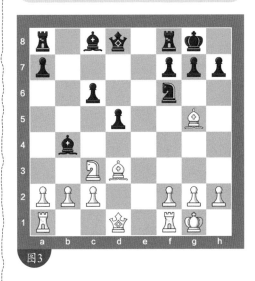

棋局进入到一个相对比较开放明朗的局面，双方机会均等，棋局形势复杂。

## 苏格兰开局弃兵变例

4.象c4 马f6 5.0-0

白方采取通过弃兵争夺主动权的下法。另外一种变化是5.e5 d5 6.象b5 马e4
7.马×d4 象d7 8.象×c6 b×c6 9.0-0 象c5，棋局形成复杂的局面。

5...马×e4 6.车e1 d5 7.象×d5 后×d5
8.马c3 后a5 9.马×e4 象e6 10.马eg5 0-0-0
11.马×e6 f×e6 12.车×e6 象d6（图4）

经过一场激烈的交锋之后，双方棋子

的数量回归平衡状态。

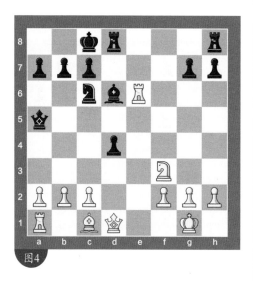

图4

双方采取不同方向王车易位，预示着后续战斗依旧激烈。不过，由于棋盘中心开放的e线，大量兑子之后转入平稳棋局变化的可能性也很大。

### 第3种
### 苏格兰开局常规变化

#### 4.马×d4 象c5

简单在中心兑换的变化只会为白方带来持久的稍优局面，例如经过4...马×d4 5.后×d4 c5 6.后d2 马f6 7.马c3 象e7 8.象c4 0-0 9.0-0 d6 10.b3之后，白方出子略占上风。

#### 5.象e3 后f6

黑方采取以下的走法都会形成白方稍

优的局面：

5...象×d4 6.B×d4 马×d4 7.后×d4 d6 8.马c3 马f6 9.0-0-0，白方稍好；

5...d6? 6.马×c6 b×c6 7.象×c5 d×c5 8.后×d8 王×d8，白方出子明显占优；

5...马f6? 将给白方带来实施闪击战术的机会，在6.马×c6 b×c6 7.象×c5 马×e4 8.后e2 f5 9.f3之后，黑方e4马被活捉。

#### 6.c3 马ge7 7.象c4 马e5 8.象e2 后g6 9.0-0 d6

黑方的王还没有完成易位，尚停留在中心，这时黑方不要轻易打开中心线路。例如9...后×e4的走法只会给白方带来进攻机会，10.马d2 后g6 11.象h5 后d3 12.马4f3之后，白方占据主动。

#### 10.f3 0-0（图5）

图5

双方均完成了出子，棋局形势复杂。

## 要点2：从实战对局中 体会开局特点

在学习开局的过程中，棋手可以从开局相关书籍资料中了解基础变化，也可以通过摆高手的实战棋局来学习和思考。当然，更为重要的是学习之后的实战练习，通过自己的亲身体会切实感受开局的奥妙和特点。

白方：奈耶尔　黑方：纳底什

2008年弈于希腊

从棋局数据库中，可以发现此局执白选手奈耶尔经常采用苏格兰开局。这局棋当中，执黑的纳底什采取了由中心反击转向王翼进攻的尖锐下法，这种激烈的战斗策略值得借鉴。

> 1.e4 e5 2.马f3 马c6 3.d4 e×d4 4.马×d4 象c5 5.象e3 后f6 6.c3 马ge7 7.象c4 马e5 8.象e2 后g6 9.0–0 d6 10.f3 0–0

实战对局形成了前面介绍的图5的局面。很多时候，棋手的创造性演绎都是在完成了一定步数的开局定式之后开始的。

### 11.王h1 d5（图6）

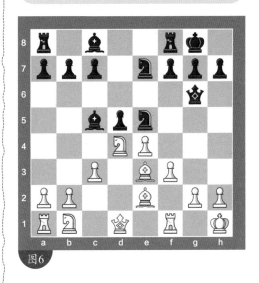

图6

### 12.f4!?

黑方从中心反击，白方采取对攻方式予以回击。现在，白方也可以采取12.马d2 d×e4 13.f×e4 象g4的下法，棋局形势复杂。

### 12...后×e4

黑方采取中心吃兵的大胆下法，另外一种下法是：12...马g4 13.象g1 象×d4 14.f5 后g5 15.象×d4 马e3 16.象×e3 后×e3，棋局形成复杂的局面。

## 13.b4!?（图7）

图7

攻击黑方的c5象是奈耶尔临场的创新走法，在过去的对局中有人采取13.象g1 马c4 14.象f3 后g6 15.后e2 c6 16.a4的下法，形成大致均势的局面。

## 13...象b6 14.象g1 象h3?!（图8）

图8

黑方比较稳健的下法是14...象×d4，经过15.c×d4 马5c6 16.b5 马a5 17.象d3 后e6 18.后c2之后，棋局形势复杂。

## 15.车f2 象×d4 16.c×d4 马g4 17.车f3!（图9）

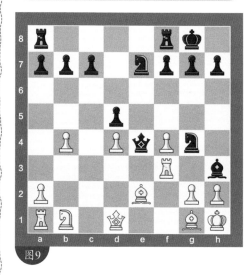

图9

镇定冷静的精准应对！在17.象×g4 象×g4 18.后×g4 后×d4之后，黑后同时攻击白方的两个车，棋局形势对黑方有利。

## 17...象×g2+ 18.王×g2 马f5（图10）

黑方通过弃子在王翼上换取主动的进攻机会。通常，在实战中这种下法会给防守方棋手施加不小的心理压力。

## 19.后d2???

白方果然出错。现在白方应该采取19.王h1!的下法（图11），将王走到棋盘角落，避开黑马跃入 e3 将军抽后的威胁。

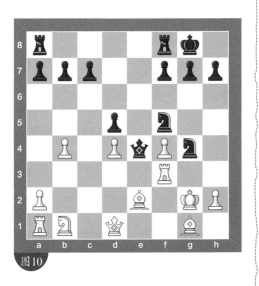

图10

图12

估计白方在对局时忽略了黑后这步轻
巧后退的走法，现在白王陷入困境。

21. 王 ×h4 马 f6!（图13）

图13

图11

接下来棋局的变化可能是：19... 车
fe8 20. 象 d3 后 e6 21. 马 c3，白方构建起
安全防线，黑方弃子的补偿不够。

19... 马 h4+! 20. 王 g3 后 g6!（图12）

白王完全暴露在黑方攻势中，黑方接

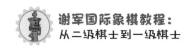
下来需要做的就是非常冷静地将子力集结起来，瞄准白方的王实施致命的攻击行动。

**22.车e3 后×g1**

黑方借着进攻的威力，蚕食白方的子力。棋局至此，黑方已经看到胜利的曙光。

**23.象f3 车ae8 24.车e5 马e4**
**25.象×e4 车×e5 26.d×e5 d×e4**
**27.a4 e3 28.后e2 车e8**

黑方攻势难以抵挡，白方认输，黑胜。

这局棋充分展示了苏格兰开局中攻王的威力，也提示白方在行动上要特别关注王的安全，避免让黑方以短平快的方式组织攻王行动。

思考：假如你选择了苏格兰开局，你喜欢其中的哪个变化呢？

## 课后作业

1 复习本课知识内容，学习开局棋谱并进行实践对局练习。

2 结合自己的对局体验，找出1~2个自己喜欢的开局变化。

3 按照训练计划完成本书的习题。

## 冠军课堂

开局的棋谱是不是需要背熟才能上场应用呢？没有自己的开局独门绝技还能成为优秀棋手吗？两个问题反映出的是学习国际象棋开局过程中两种截然不同的态度，都有几分道理，但是都不完全准确。

开局的棋谱是人们经过很多盘对局实践总结出来的优化走法，在没有达到完全理解的水平时，棋手适度依靠记忆的办法去"复制"应用是一种高效率的做法。棋手采用的开局当然要有自己独到的理解，不过对独门绝技的探索也是建立在已经消化了现有开局的基础上。

棋手应当采取学习模仿——体会总结——归纳创新的路径学习国际象棋开局，通过筛选找到自己喜欢并能充分发挥自己棋风长处的开局，建立适合自己的开局武器库。

第16课

打造开局武器库（二）

必须有准备的开局

## 学习目标

1 掌握建立开局武器库的知识，了解哪些开局属于"必须有准备的开局"

2 对"必须"学习的开局知识进行针对性学习

## 知识讲解

棋手的开局知识学习与体系建立是一个不断完善的过程，在这个过程中，有些开局变化可能只起到应急的作用，属于必备的知识储备。"必须有准备的开局"就属于这一类型，类似的开局可能只在特定的情况中才会出现，例如对手选择了一个很少见的走法、一种很古典的下法或者带有欺骗性的弃子手段等。这其中有些开局变化可能已经被时间证明并不是最佳的走法，但是具有较强的迷惑性，且存在多种选择等挑战。对于类似的开局知识，虽然出现的概率较低，但棋手一定要进行充分的准备，至少有一套紧急应急的方案，这样就能避免在开局落入陷阱，让自己以稳定自信的状态迎接对手的挑战。

不少棋手在学习开局的过程中，对那些小概率发生的开局知识重视不够，缺少相应的准备，一旦实战对局中对手选择了相应的变化，自己就容易因为"知识盲点"出现临场应对耗时过多、判断不准等低级失误，令棋局陷入被动。

### ♛ 开局应对做到心中有底

在选择某种开局走法时，棋手要对相关可能发生的变化有所准备。即便有些开局变化可能并不常见，也不能掉以轻心。开局体系的建设是一个循序渐进的过程，

不断完善自己的开局体系，在实战对局中，才能做到心中有底，遇变不慌。

以白方先行王兵开局为例，当白方走了1.e4之后，黑方可能应对的走法包括比较流行的1...e5,1...c5,1...e6,1...c6，以及相对比较少见的1...d5,1...d6,1...马f6、甚至再扩

展到一些具有心理战意味的1...a6、1...b6和1...马c6等走法，作为执白棋的一方都应有所考虑。

需要特别提醒的是，这些开局中有些变化可能在平常训练的课程中、实战对局的演练中从未出现过，这就需要棋手自己加强学习，有意识地进行知识补充和完善。

## ♛ 意大利开局（一）

> 1.e4 e5 2.马f3 马c6 3.象c4 象c5 4.c3 马f6 5.d4 e×d4 6.c×d4 象b4+ 7.象d2 象×d2+（黑方走7...马×e4将形成较为复杂的局面，白方可以采取8.象×b4 马×b4 9.象×f7+ 王×f7 10.后b3+ 王f8 11.后×b4+ 后e7 12.后×e7+ 王×e7 13.0-0 车e8的下法将棋局带到平稳发展的局面）8.马b×d2 d5（图1）

图1

黑方不能放弃中心，利用d5兵兑换白方的中心兵。

> 9.e×d5 马×d5 10.后b3 马ce7 11.0-0 0-0 12.车fe1 c6 13.马e5（图2）

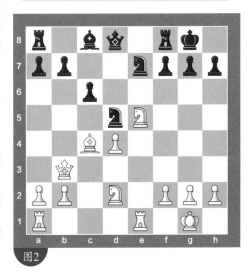

图2

局势复杂，双方将进行持久的战斗。

## ♛ 意大利开局（二）

在开局准备时，可以储备不止一种方案，这样就可以根据比赛形势需要采取进攻性强的激烈变化或者以与对手周旋为主基调的稳健变化。

> 1.e4 e5 2.马f3 马c6 3.象c4 象c5 4.c3 马f6 5.d4 e×d4 6.e5（图3）

白方直接在中心行动的下法比较少见，弃兵下法具有较强的冲击性，适合需要激烈对冲的情况。

图3

## 6...d5（图4）

图4

黑方直接从中心予以反击是积极主动的回应，以下几种下法均可能使黑方失去中心的主动权：

（1）6...后e7 7.0-0　马g8 8.c×d4
象b6 9.d5　后c5 10.马a3　马d4 11.象e3
马×f3+ 12.后×f3，白方获得优势；（2）
6...马g4 7.象×f7+ 王×f7 8.马g5+ 王e8
9.后×g4　马×e5 10.后e4　后e7 11.0-0
h6 12.c×d4 象×d4 13.后×d4 h×g5 14.马
c3，白方获得明显的主动权；（3）6...马
e4 7.象d5　马×f2 8.王×f2 d×c3+ 9.王
g3 c×b2 10.象×b2，黑方弃子的补偿
不够。

### 7.象b5 马e4 8.c×d4

在8.马×d4 象d7 9.象×c6 b×c6 10.0-
0 f6的走法中，黑方可以顺利破坏白方的中心兵阵。

### 8...象b6

黑方也可以采取8...象b4+ 9.象d2
马×d2 10.象×c6+ b×c6 11.马b×d2
0-0 12.车c1的下法，局面变得复杂。

黑象撤回到e7的走法也值得考虑，例如8...象e7 9.马c3 0-0 10.象d3 f5 11.e
×f6 马×f6 12.象e3 马b4 13.象b1 马g4，棋局进入混战状态。

### 9.马c3 0-0 10.象e3 象g4 11.后c2 象f5

棋局形势复杂。

## ♟ 西班牙开局（一）兑换变例

1. e4 e5 2.马f3 马c6 3.象b5 a6
4.象×c6（图5）

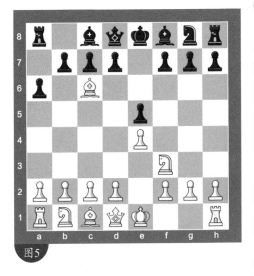

图5

这是白方在西班牙开局中最为简明的
一种下法，目的在于避开主流变化。

4...d×c6 5.0–0 f6

黑方还可以采取5...象g4的下法。

6.d4 e×d4 7.马×d4 c5 8.马e2 后
×d1 9.车×d1 象d7 10.马bc3 0–0–0
11.象f4 马e7（图6）

棋局进入到一个比较平稳的残局。

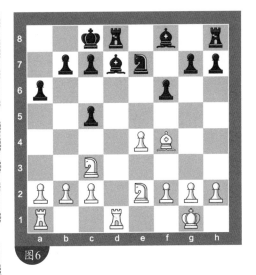

图6

## ♟ 西班牙开局（二）d3的下法

1.e4 e5 2.马f3 马c6 3.象b5 a6
4.象a4 马f6 5.d3（图7）

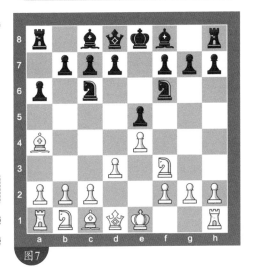

图7

白方用兵巩固中心的下法意味着白方
采取先进行子力调动，不急于中心行动的
策略。

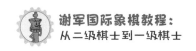
### 5...b5 6.象b3 象c5

黑方也可以采取6...象e7 7.0–0 d6 8.c3 0–0 9.车e1 马a5 10.象c2 c5 11.马bd2 马c6 12.马f1 车e8的下法，局面变得复杂。

### 7.0–0 d6 8.c3 h6 9.马bd2 0–0 10.车e1 象b6 11.马f1（图8）

图8

双方将在稳固的阵型中进行长期的较量。

### 西班牙开局（三）开放变例

### 1.e4 e5 2.马f3 马c6 3.象b5 a6 4.象a4 马f6 5.0–0 马×e4（图9）

在西班牙开局中，黑方通过吃e4兵直接打开中心的下法意味着将棋局带入一个与常规西班牙开局的兵形和作战计划都不一样的局面。随着中心线路的开放，双方的棋子快速出动，并可能带来子力的兑换。

图9

### 6.d4 b5

6...e×d4是一步坏棋，白方通过7.车e1 d5 8.马×d4的下法获得主动权。

### 7.象b3 d5 8.d×e5 象e6 9.c3 象c5 10.马bd2 0–0（图10）

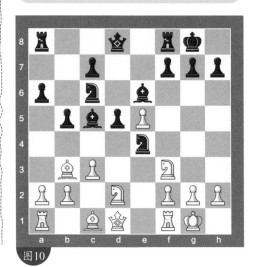

图10

局面变得复杂。

## 西班牙开局（四）
## 齐果林变例

1.e4 e5 2.马f3 马c6 3.象b5 a6
4.象a4 马f6 5.0–0 象e7 6.车e1 b5
7.象b3 d6 8.c3 0–0 9.h3（图11）

图11

### 9...马a5

黑方有很多种下法，例如9...象b7，
9...象d7，9...马b8，9...马d7，9...h6等，
这些下法均可成为西班牙开局中最为"正
统"的变化。

### 10.象c2 c5 11.d4 后c7（图12）

很多棋手从这个局面开始进行了不同
的尝试，白方从中心和后翼行动，黑方进

行相应的子力调动，同时谋划防守反击。

图12

## 卡罗康防御（一）

1.e4 c6（图13）

图13

卡罗康防御是一种适合稳健风格棋手
的开局，黑方借助坚实的阵型谋求棋局的

稳步推进，双方通常会在兵形和子力位置等细节方面展开比拼，在残局中进行漫长的争斗和较量。

> 2.d4 d5 3.马c3 d×e4 4.马×e4 象 f5 5.马g3 象g6 6.h4 h6 7.马f3 马d7 8.h5 象h7 9.象d3 象×d3 10.后×d3 e6 11.象f4 后a5+ 12.象d2 后c7 13.0–0–0 马gf6 14.马e4 0–0–0（图14）

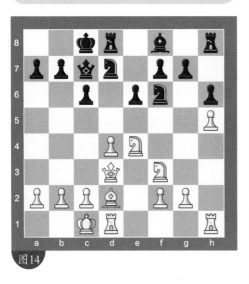

图14

这是卡罗康防御中的经典局面，白方空间稍优，黑方阵营坚固。

## 卡罗康防御（二）

> 1.e4 c6 2.d4 d5 3.e×d5

直接在中心交换是一种相对简明的走法，可以避开众多其他变化。

> 3...c×d5 4.象d3 马c6 5.c3 马f6 6.象f4 象g4 7.后b3 后d7 8.马d2 e6 9.马gf3 象×f3 10.马×f3 象d6 11.象 ×d6 后×d6 12.0–0 0–0

双方机会大致均等。

## 法兰西防御

> 1.e4 e6（图15）

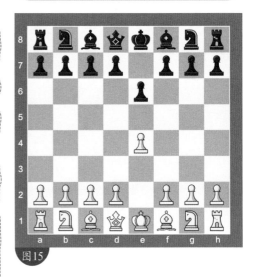

图15

法兰西防御是一个非常有弹性的开局，黑方虽然从开局的第一步就在空间上进行了妥协，但是在棋局的演进过程中，黑方通过攻击白方的中心兵推动棋局的发展。

> 2.d4 d5 3.马d2

白方其他的下法包括3.马c3、3.e5、3.e×d5等。

### 3... 马f6

黑方另外一个主要变化是：3...c5 4.e×d5 e×d5 5.马gf3 马c6 6.象b5 象d6 7.d×c5 象 ×c5 8.0-0 马ge7 9.马b3 象d6 10.车e1，白方稍优。

### 4.e5 马fd7 5.象d3 c5 6.c3 马c6 7.马e2 c×d4 8.c×d4 f6 9.e×f6 马 ×f6 10.马f3 象d6 11.0-0 0-0 12.象f4

白方空间上略占优势，黑方也有不错的战斗前景。

## 西西里防御

### 1.e4 c5（图16）

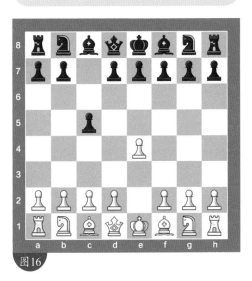

图16

西西里防御是黑方在应对白方王兵开

局时采用最多的变化，不对称的子力出动方式预示着复杂的战斗。西西里防御的变化之多可谓不胜枚举，这里只介绍其中一个主要下法。

### 2.马f3 d6 3.d4 c×d4 4.马 ×d4 马f6 5.马c3 a6

另外一种非常流行的下法是：5...e6 6.象e2 a6 7.0-0 象e7 8.f4 0-0 9.王h1 后c7 10.a4 马c6 11.象e3，复杂的战斗即将拉开帷幕。

### 6.象g5（图17）

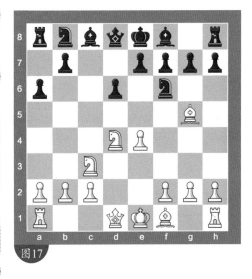

图17

白方快速出动后翼象，进而采取长易位形成双方不同方向易位的局面。这种对攻的下法是西西里防御中最为激烈的一种变化，速度和行动效率是这个变化中最关键的因素。

6...e6 7.f4 马bd7 8.后f3 后c7
9.0–0–0 b5 10.e5 象b7 11.后h3 d×e5
12.马×e6 f×e6 13.后×e6+ 象e7
14.象×b5 a×b5 15.马×b5

非常吸引人的下法！白方接连弃子，形成强劲的攻势。黑方需要凭借准确的防守与白方周旋对抗。有意思的是，这个局面中有些棋手喜欢选择下白方，有些倾向选择下黑方，棋局后续发展要看棋手的临场发挥和表现。

1 复习本课知识内容，梳理自己的开局知识储备情况，查找需要补充的部分。

2 对自己必须掌握的开局变化列一个清单，思考解决方案。

3 按照训练计划完成本书的习题。

冠军课堂

不少棋手在学习开局的过程中，对那些小概率发生的开局知识重视不够，缺少相应的准备，以至于一旦实战对局中对手选择了相应的变化，自己就容易因为"知识盲点"出现临场应对耗时过多、判断不准等低级失误。很多棋手都有过类似的经历，棋局过程中对手不一定选择那些你准备不周的开局变化，但是棋手本人会因为这种可能性的存在而感到焦虑，进而影响到临场的状态。

拥有完整的开局知识武器库是高水平棋手的重要标志，拒绝低级错误，从完善开局武器库做起。